WHEN HISTORY MEOWS

如果歷史是一群喵 9

五代十國篇

肥志 編繪

國家圖書館出版品預行編目 (CIP) 資料

如果歷史是一群喵 . 9, 五代十國篇 (萌貓漫畫學歷史)/ 肥志編 . 繪 . -- 初版 . -- 新北市 : 野人文化股份有限公司出版 : 遠足文化事業股份有限公司發行 , 2022.02
面； 公分 . -- (Graphic times)
ISBN 978-986-384-667-3(平裝)

1. 中國史 2. 通俗史話 3. 漫畫

610.9 110021075

Graphic Times 23

如果歷史是一群喵 9

五代十國篇

繪 者 肥志
編 者 肥志

社 長 張瑩瑩
總編輯 蔡麗真
副主編 徐子涵
責任編輯 余文馨
行銷企劃經理 林麗紅
行銷企劃 蔡逸萱、李映柔
設計 林遠志、陳麗蕎、林榮輝
繁中版封面設計 周家瑤
繁中版美術設計 許庭瑄、洪素貞

出 版 野人文化股份有限公司
發 行 遠足文化事業股份有限公司(讀書共和國出版集團)
地址：231 新北市新店區民權路 108-2 號 9 樓
電話：（02）2218-1417 傳真：（02）8667-1065
電子信箱：service@bookrep.com.tw
網址：www.bookrep.com.tw
郵撥帳號：19504465 遠足文化事業股份有限公司
客服專線：0800-221-029
法律顧問 華洋法律事務所 蘇文生律師
印 製 凱林彩印股份有限公司
初版首刷 2022 年 02 月
初版09刷 2024 年 03 月

序

隨著盛世大唐在榮耀與遺憾中落幕，《如果歷史是一群喵》來到了中國歷史上第四個大分裂時代——五代十國。

與兩晉後的分裂相比，主導五代十國的不是民族紛爭，而是唐末藩鎮割據的延續。它時間更短，也沒有確切的南北之分。中原地區是後梁、後唐、後晉、後漢、後周——一共「五代」先後登台，周圍則前前後後有十個小政權，外加一個新崛起的契丹族。

這樣一段歷史，不用說，又是一個亂世。

有一句話很好地概括了這個亂世：「天子，兵強馬壯者當為之」，也就是誰拳頭大，誰來當老大……

但它又不只是一個亂世。

因為當硝煙散去，從魏晉開始左右著中央和地方的門閥士族不見了；從唐朝開始囂張的節度使老實了；中國的經濟和文化重心轉移到了南方；新生的宋朝也不再像唐朝一樣包容新文化……在很多方面，中華歷史到了這一頁都迎來了一次大轉折。

這也是為什麼我們想要用一本書來呈現五代十國，雖然它冷門，卻依舊很重要。

本書在參考《舊五代史》《遼史》《南唐書》等史籍後，會以北方、中原、南方三條線來講述這段歷史。看看面對這樣的大亂局，耶律阿保機、柴榮、趙匡胤等歷史人物會做出哪些選擇，以及他們又會給中華大地帶來哪些影響。

希望通過我們的漫畫，能幫助大家更了解這段過往。

最後，感謝各位讀者朋友四年來對《如果歷史是一群喵》的支持和陪伴。一路以來，有很多的感激，所以再次衷心地謝謝大家！

讓我們下回見。

目錄

正文讀取順序從左往右，
對白、注釋以及編者按讀取順序從右往左。

第一百零二回 ◉ 後唐滅梁

經歷了**宦官**、

韓國磐《隋唐五代史綱》：
「宦官專權，是唐朝政治腐敗的重要內容……安史亂後，宦官更加飛揚跋扈，廢立皇帝，任免大臣，盡在其操縱指揮下，遠非此前可比。」

黨爭、

張豈之《中國歷史．隋唐遼宋金卷》：
「唐代後期，與藩鎮、宦官問題並存的政治矛盾還有朝廷大臣之間的黨派爭鬥……從憲宗元和三年（808年）開始，牛李兩黨爭鬥了40多年。」

割據後，

白壽彝《中國通史》：
「安史之亂後，唐朝內憂外患重重，政治危機四伏，最使統治者感到煩惱的就是藩鎮割據……他們擁有大量軍隊，修築城堡，自設文武官吏，自己徵收賦稅，不向國家繳納貢賦，同時互相勾結抗拒朝廷。」

近三百年的**盛世唐朝**正式**完結**。

韓國磐《隋唐五代史綱》：「唐朝自公元六一八年（武德元年）建國，至公元九〇七年（開平元年）被朱溫所篡，歷時凡二百八十九年。」

天下再次進入**戰亂割據**的時代，

樊樹志《國史概要》：「天祐四年（907年），朱溫（即朱全忠）廢唐哀帝……中央集權統治徹底瓦解，情況比東漢末年更為嚴重，中國的大部分地區被以前的節度使所瓜分，他們每個人都在覬覦皇帝寶座。」

消滅唐朝而代之的便是**梁朝**！

鄭學檬《五代十國史研究》：「天祐四年（907）四月，朱溫稱帝代唐，改元開平，國號梁。」

呃……不過……

梁並**沒有統一**全國。

呂思勉《隋唐五代史》：
「以上吳、吳越、楚、前蜀、閩、南漢六國，當唐末雖未稱尊，實已自立為國；河東梁之深讎，幽州僭稱尊號，鳳翔亦開府稱王，皆非梁所能臣也。」

在**當時**華夏大地上，

還有大大小小**好些勢力**，

傅樂成《中國通史》：
「梁初，中國內部分裂的情形，較唐末尤甚。梁以外的主要割據勢力，約有十處……」

這**梁朝一上位**，

大家就把**「不爽」**寫到臉上了……

* 二五仔：指叛徒，為粵語俚語。

例如西邊的**岐國**，

白壽彝《中國通史》：
「天祐四年（907）四月，朱溫在表面上由唐宰相張文蔚率百官勸進之後，正式稱帝……然而，反梁的勢力依然相當強大。他們是唐朝所封諸王：岐王李茂貞這時以唐朝忠臣的面目出現，仍用天復年號，開府置官，致書各地，聲言討伐朱梁。」

東南邊的**吳國**，

白壽彝《中國通史》：
「吳王楊行密已死，其子楊渥繼立，內部雖多變故，但仍奉唐朝正朔，不肯臣服朱梁。」

西南邊的**蜀國**等等。

白壽彝《中國通史》：
「蜀王王建則在成都稱帝，公開另立旗號，稱霸一方。」

這之中最大的**麻煩**則是**晉國**，

白壽彝《中國通史》：
「晉王李克用更是反梁勢力的核心，事實上成為各路反梁勢力的盟主。」

梁晉兩方的**戰爭**簡直**無休無止**。

陶懋炳《五代史略》：
「晉、汴雙方爭霸中原……兩大鎮爭霸中原二十餘年，戰無寧日……」
白壽彝《中國通史》：
「天祐四年（907）四月，朱溫在表面上由唐宰相張文蔚率百官勸進之後，正式稱帝……升汴州為開封府（今河南開封）……」

而**晉**的領導者
則是一個**非常強**的角色，

他正是**李存勖**(ㄒㄩˋ)**喵**。

《新五代史·卷五》：「存勖，克用長子也……天祐五年（908年）正月，即王位於太原。」

據說存勖喵**出生**時就自帶**「主角氣場」**，

《舊五代史·卷二十七》：「（李存勖）載誕之辰，紫氣出於窗戶。及為嬰兒，體貌奇特，沉厚不群，武皇（李克用）特所鍾愛。」

11歲已經**上戰場**了，

《新五代史·卷五》：「存勖年十一，從克用破王行瑜，遣獻捷於京師……」

17歲更是成了**他爹**的得力**助手**，

《資治通鑑．卷二六三》：
「昭宗聖穆景文孝皇帝中之下天復二年（902年）……克用為朱全忠所困，封疆日蹙，憂形於色。存勗進言曰：『……朱氏恃其詐力，窮兇極暴，吞滅四鄰，人怨神怒……大人當遵養時晦以待其衰……』」
白壽彝《中國通史》：
「李存勗（勗）（885—926），李克用長子。」

反正就是**配合得挺好**。

可惜**沒多久**……
他**爹**就**「掛了」**。

軍事科學院《中國軍事通史》：
「開平二年（908年）正月，晉王李克用病死……」

這下可把**梁**給**樂壞了**！

軍事科學院《中國軍事通史》：
「開平二年（908年）……梁太祖抵澤州十餘天，見前線沒有出現新情況，準備解除對潞州之圍，班兵還朝。但諸將領認為李克用已死，晉援軍自余吾寨撤退，潞州城內守兵孤立無援，梁軍會很快取勝。」

而存勗喵**這邊呢**？

爹剛死，

《資治通鑑・卷二六六》：
「晉王（李克用）疽發於首，病篤……晉王謂存勗曰：『嗣昭厄於重圍，吾不及見矣。俟葬畢，汝與德威輩速竭力救之！』又謂克寧等曰，『以亞子累汝！』亞子，存勗小名也。言終而卒。」

他**叔叔**就已經打算要**造反**了，

《資治通鑑．卷二六六》：
「克寧綱紀軍府，中外無敢喧嘩。
克寧久總兵柄，有次立之勢……」
《舊五代史．卷二十七》：
「天祐五年（908年）春正月，武
皇（李克用）疾篤……帝（李存勗）
乃嗣王位於晉陽……時振武節度使
克寧，即帝之季父也，為管內蕃漢
馬步都知兵馬使，典握兵柄。」

不僅**掌握**了**兵權**，

還**弄掉**了存勗喵的**手下**。

《新五代史．卷五》：
「天祐五年（908年）正月，
（李存勗）即王位於太原。叔
父克寧殺都虞候李存質，幸臣
史敬鎔告克寧謀叛。」

真是**煩死了**……

煩
死

幸好存勗喵也**不是好惹**的，

《舊五代史．卷二十七》：
「克寧意將激發，乃擅殺大將李存質，請授己雲州節度使，割蔚、朔、應三州為屬郡，帝（李存勗）悉俞允，然知其陰禍有日矣。」

等你好久了……
別怕！我們很溫柔的！

一下子就把造反的**火苗**給**掐了**……

招呼他！
是—!!

《舊五代史．卷二十七》：
「二月壬戌，（李存勗）命存璋伏甲以誅克寧，遂靖其難。」

這才**回過頭來**專心**對付梁**。

軍事科學院《中國軍事通史》：「晉王存勗即位後，很快制止了叔父李克寧的政變陰謀，內部政局迅速穩定。李存勗隨即與諸將商討潞州之戰的對策。」「開平元年（907年）五月十六日，梁太祖朱全忠命保平節度使康懷貞為招討使，領10萬大軍進攻潞州。」

當時的**梁**還是很**輕敵**的，

《資治通鑑．卷二六六》：「太祖神武元聖孝皇帝上開平二年（908年）……帝（朱溫）留澤州旬餘，欲召上黨兵還，遣使就與諸將議之。諸將以為李克用死，餘吾兵且退，上黨孤城無援……帝以援兵不能復來，潞州必可取……」

畢竟他們**覺得**存勗喵
還是一個**24歲**的**「小可愛」**。

《舊五代史．卷二十七》：「天祐五年（908年）春正月，武皇（李克用）疾篤……及武皇厭代，帝（李存勗）乃嗣王位於晉陽，時年二十有四。」

呃可惜……他們**估錯了**。

《資治通鑑·卷二六六》：「晉王（李存勗）與諸將謀曰：『上黨，河東之藩蔽，無上黨，是無河東也。且朱溫所憚者獨先王耳，聞吾新立，以為童子未閑軍旅，必有驕怠之心。若簡精兵倍道趣之，出其不意，破之必矣。取威定霸，在此一舉，不可失也！』」

存勗喵決定好好**利用**一下**對方輕敵**的心理，

他先是**假裝害怕**，
把**前線**的軍隊都**調回來**。

白壽彝《中國通史》：「李克用病死，24歲的他（李存勗）襲位為晉王。二月即殺其覬覦王位的叔父李克寧以穩定內部；四月又從潞州（今山西長治）前線調回周德威以麻痺梁軍。」

等**敵軍大意**後，

《舊五代史·卷二十七》：
「(908年)四月，帝(李存勖)召德威軍歸晉陽。汴人既見班師，知我國禍，以為潞州必取，援軍無俟再舉，遂停斥候。」

自己又親自**帶領大軍**繞過去**偷襲**，

軍事科學院《中國軍事通史》：
「晉王李存勖決心親自出征，利用敵人疏忽防備，突出奇兵以解潞州之圍……晉將李嗣源、周德威、李存審分三路發起反擊。這時，梁軍沒有派兵偵察、設防，夾寨內兵士尚未起床，更沒有想到晉軍突然到來。」

把對方**揍得半死**。

《舊五代史·卷二十七》：
「(908年)五月辛未朔，晨霧晦暝，帝(李存勖)率親軍伏三垂崗下……李嗣源壞夾城東北隅，率先掩擊，梁軍大恐，南向而奔，投戈委甲，噎塞行路，斬萬餘級……」

這一戰也**奠定**了存勗喵上位後的**基調**，

那就是**爭霸天下**。

傅樂成《中國通史》：

「存勗為人有膽略，嫻於軍事。他嗣位後，與諸將謀救潞州，出梁不意，自率大軍赴援，大破梁軍，遂解潞州之圍。此役梁軍傷亡數萬人，對梁是一個極大打擊……次年，大敗梁軍於高邑（今河北高邑縣）南，斬首二萬。存勗自獲得兩次勝利，聲威大震，奠定了日後併吞河朔的基礎。」

存勗喵在這**之後**不僅**平定**了**河北**地區，

范文瀾《中國通史》：

「九二一年，成德鎮大將張文禮殺節度使王熔，據鎮州自為節度使，召契丹兵來抗拒晉軍……晉軍攻破鎮州，李存勗自兼成德鎮節度使，唐中期以來河北三叛鎮，至此才最後消滅。」

還**擊退**了邊境的**外族**大軍。

范文瀾《中國通史》：「九二二年，契丹主阿保機率兵長驅南下，進攻定州。李存勗大破契丹兵，驅契丹出境。」

但他最終的**目標**只有**一個**……

那就是澈底**消滅梁朝**！

軍事科學院《中國軍事通史》：「李存勗爭霸中原，應始終把作戰矛頭指向勁敵後梁。」

存勗喵除了**自己攻打**，

還**聯合**其他**軍閥**一起打。

軍事科學院《中國軍事通史》：「晉王李存勗利用河北藩鎮與後梁的矛盾，聯合成德、義武兩鎮共同對後梁作戰。」

梁軍真**慘**啊……

軍事科學院《中國軍事通史》：「同光元年（923年）十月二日，唐莊宗（李存勗）領精兵自楊劉渡河……唐軍攻克中都，生擒後梁名將王彥章及都監張漢傑等二百餘人，斬首數千級……梁末帝得知王彥章被俘及唐軍即將進攻大梁，聚族慟哭……」

最終，在存勗喵的**進攻下**，

梁朝**皇帝自殺**。

張豈之《中國歷史．隋唐遼宋金卷》：「至龍德三年（923）李存勗攻入開封，末帝朱友貞自盡，後梁亡。」

立國十七年的**梁朝**，**就此結束**。

陶懋炳《五代史略》：「九二三年（後唐同光元年），李存勗稱帝於魏州……後梁末帝走投無路，命侍衛殺死自己……後梁至此滅亡，歷時十七年。」

取而代之的便是由存勗喵建立的**新政權**，

張豈之《中國歷史·隋唐遼宋金卷》：
「天祐二十年（923，後梁龍德三年），李存勗完成了父王李克用的遺命，滅了後梁，在洛陽建立了後唐。」

這就是**後唐**。

後唐**繼承**了**梁朝**的所有**遺產**，

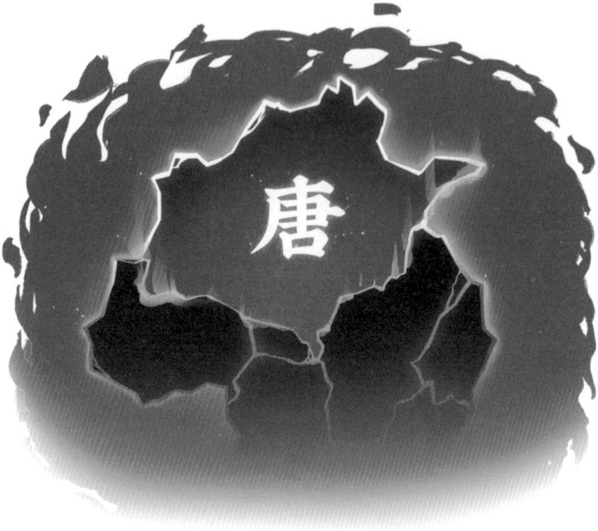

陶懋炳《五代史略》：「後唐莊宗（李存勗）即位魏州時，領域有十三節度、五十州……滅後梁，盡得其領域。」

成為了梁之後的**第二個霸主**。

張豈之《中國歷史·隋唐遼宋金卷》：「後唐消滅了河北三鎮，降服了割據鳳翔的李茂貞與吳越、楚、閩、南平諸國，同光三年（925）又攻滅前蜀，進一步統一了黃河流域……」

但與此同時，

天下卻並沒有結束**分裂**，

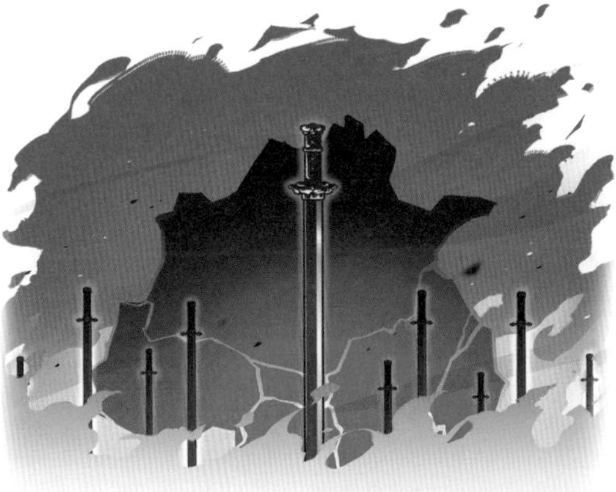

朱紹侯《中國古代史》：「五代時期的中國形勢，實際上是唐朝末年各地藩鎮割據的繼續和發展。」

形成了**中原**政權與周邊諸多**小國並存**的局面。

朱紹侯《中國古代史》：「在中原地區相繼出現了五代，在南方和河東地區，則先後或同時並存著十個割據政權（不包括一些小的割據勢力），史稱『十國』。」

這就是歷史上的**五代十國**時期。

錢穆《國史大綱》：「唐代三百年的統一政府，終於傾覆，世襲的節鎮，遍及東南，而有所謂五代十國……此所謂五代十國，其實只是唐室藩鎮之延續……」

存勗喵在這段**爭霸**的**過程**中，
表現出了**強大**的謀略與軍事**才能**，

陶懋炳《五代史略》：
「論者多以為李存勗奇襲汴梁，滅亡後梁，純屬孤注一擲的冒險行為，獲取全勝也不過僥倖而已。這種評論，頗欠公允……如果沒有卓越的軍事才能和膽略，是不能作此決策的……從這方面來說，李存勗堪稱一位傑出的軍事家……」

可以說是一位**亂世豪傑**。

《舊五代史．卷三十四》：
「莊宗（李存勗）以雄圖而起河、汾，以力戰而平汴、洛，家仇既雪，國祚中興，雖少康之嗣夏配天，光武之膺圖受命，亦無以加也。」

然而**打江山**和**治江山**卻是**不同**的工作，

這位驍勇的**君主能否**帶領後唐**走向繁榮**呢？

（且聽下回分解。）

編者按

後梁和晉之間的爭霸戰，從後梁建國到滅亡，歷時十七年，成為五代初期中國北部兩個割據政權之間規模最大的兼併戰爭。雙方的矛盾由來已久，唐末時，雙方就因為朱溫曾經想殺李克用而結下梁子。此後數十年，為了爭奪地盤，雙方早已發展到不死不休的局面。一開始後梁實力遠遠強於晉，然而朱溫篡唐，使後梁成為眾矢之的，加上內部矛盾重重，大大削弱了後梁實力。李存勗卻抓住這個機會，主動聯合河北幾大軍閥共擊後梁。勢力的此消彼長之下，後梁的滅亡也就成為了必然。

李存勗——油條（飾）

參考來源：《舊五代史》、《新五代史》、《資治通鑑》、錢穆《國史大綱》、白壽彝《中國通史》、范文瀾《中國通史》、傅樂成《中國通史》、陶懋炳《五代史略》、樊樹志《國史概要》、朱紹侯《中國古代史》、呂思勉《隋唐五代史》、鄭學檬《五代十國史研究》、韓國磐《隋唐五代史綱》、軍事科學院《中國軍事通史》、張豈之《中國歷史・隋唐遼宋金卷》

附錄

【軍歌打氣】

李存勗精通音律，還能寫詞，
打仗的時候經常會讓士兵們
唱自己寫的軍歌
來提振士氣。

【喜歡幹架】

李存勗很喜歡一個人
衝入敵營幹架，
雖然部下常常勸阻他，
但他轉過頭又會偷偷衝進去。

【天生異象】

史書記載，
李存勗的老媽懷他的時候，
曾夢見有仙人來照顧自己。
他出生的時候更是天降紫氣，
非常神奇。

百群喵檔案

油條小劇場

《毅力》

《陶藝》

油條

射手座

生日：12 月 5 日

身高：185 公分

喜歡的水果：酪梨

害怕的事物：看恐怖片

（油條擬人介紹）

油條的桌面
You Tiao's Desktop

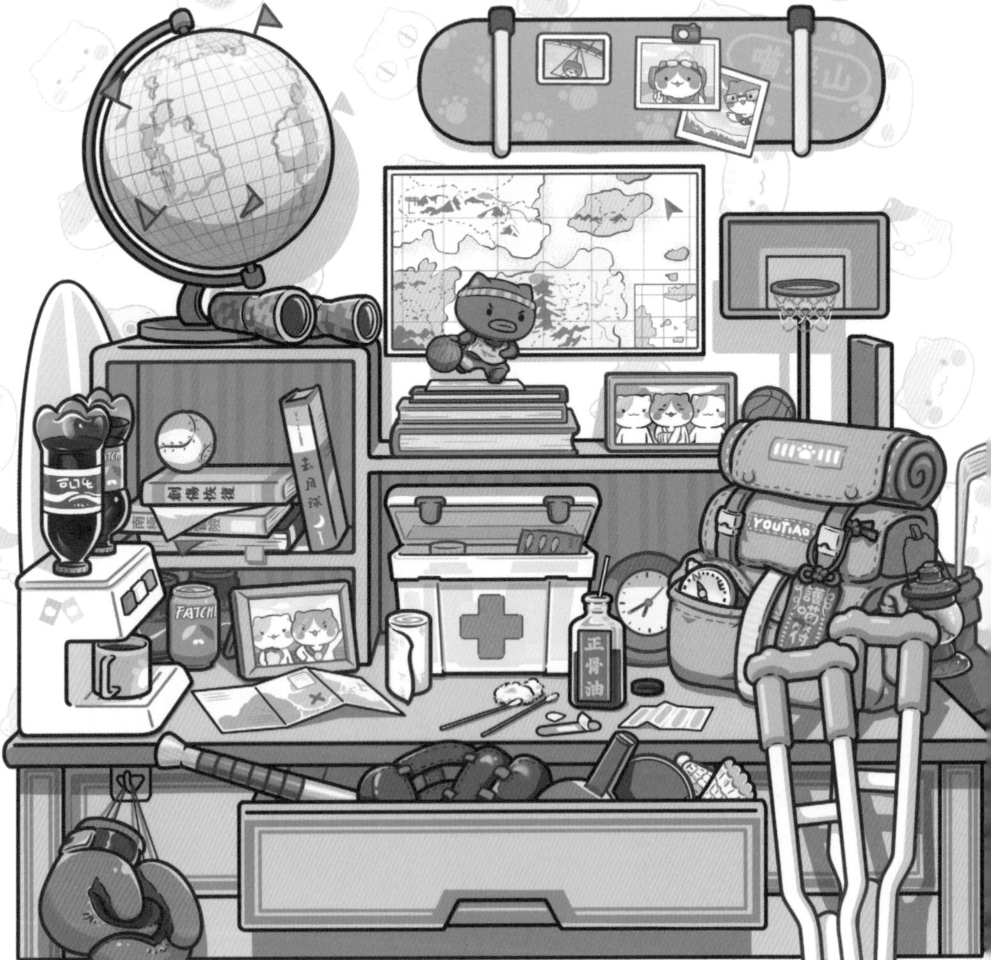

第一百零三回◉鄴都之變

隨著梁朝的**覆滅**，
後唐成為了新的**霸主**。

張豈之《中國歷史・隋唐遼宋金卷》：
「天祐二十年（923，後梁龍德三年），李存勗完成了父王李克用的遺命，滅了後梁，在洛陽建立了後唐。後唐消滅了河北三鎮，降服了割據鳳翔的李茂貞與吳越、楚、閩、南平諸國……」

而後唐的領導者**李存勗喵**也成了新的**皇帝**。

白壽彝《中國通史》：
「天祐二十年（梁龍德三年，923）四月，李存勗（勖）在魏州稱帝，國號不用晉而用唐……史稱後唐。」

存勖喵**打仗**是一把**好手**，

白壽彝《中國通史》：
「李存勗（勖）驍勇善戰，膽略過人，戰績非凡，堪稱傑出的軍事家。」

但**治國**嘛……

治
國

顯然是**不怎麼樣**。

鄭學檬《五代十國史研究》：「莊宗李存勗統治時期，雖然沒有外部強敵的壓力，但是在治國上卻一塌糊塗。」

治
國

面對喵民的**生存問題**，

他**毫不關心**，

皇上，老臣以為……
哎呀，知道啦知道啦……

王仲犖《隋唐五代史》：「莊宗以沙陀精兵於馬上取天下，但是不懂政治，不知與民休息。」陶懋炳《五代史略》：「戶口流亡、士卒凍餒，危機越演越烈，莊宗全然不理。」

倒是每天各種**「浪」**。

傅樂成《中國通史》：
「莊宗滅梁後，定都洛陽。他自以基業已固，轉而肆情縱欲。」

因為喜歡**音樂**，
就養了一堆**「樂隊」**。

《資治通鑑．卷二七二》：
「帝（李存勗）幼善音律，故伶人多有寵，常侍左右……諸伶出入宮掖，侮弄縉紳，群臣憤嫉，莫敢出氣……」
《古代漢語詞典》：
「伶人：樂官、樂人。泛指表演歌舞的人。」

因為喜歡**享受**，
就到處**掠奪美女**。

朱紹侯《中國古代史》：
「李存勗滅後梁後，驕恣荒淫日甚……」
《資治通鑑．卷二七三》：
「（同光三年，即925年）上（李存勗）乃命宦者王允平、伶人景進採擇民間女子，遠至太原、幽、鎮，以充後庭，不啻三千人……」

對**功臣**又隨便**「發便當」**……

白壽彝《中國通史》：
「由於後唐莊宗寵信伶官，平蜀主帥郭崇韜被謀害……」
軍事科學院《中國軍事通史》：
「河中節度使朱友謙、平蜀前鋒大將李紹深、保大節度使李存乂都受到郭崇韜的牽連而被殺。」

簡直**糟透了**……

范文瀾《中國通史》：
「他（李存勗）委孔謙管財政，重斂急徵，民不聊生……孔謙搜括財物來滿足唐莊宗和劉皇后、宦官、伶人這一群人的貪欲，民眾窮困，愁怨無告。」

但最致命的還是他**搞差**了跟**軍隊**的**關係**。

《舊五代史・卷三十五》：
「（同光三年，即925年）是時，莊宗失政，四方飢饉，軍士匱乏，有賣兒貼婦者，道路怨咨。」

在**五代**時期，
統治者都是**靠武力**奪取政權。

韓國磐《隋唐五代史綱》：
「從後梁到後周……這時的皇帝多由節度使起兵奪位而來……唐莊宗李存勗繼承父親李克用的河東節帥，以後滅梁而得位。」
錢穆《國史大綱》：
「自唐代鎮兵擁立留後，積習相沿，直至五代，造成國擅於將、將擅於兵的局面。」

所以要位子**鞏固**，
就得得到**軍隊**的**支持**。

呂思勉《白話本國史》：
「五代十國……不過是唐朝藩鎮的變相。唐朝的藩鎮，節度使的廢立，是操在軍士手裡的；這時候，雖然名目變做皇帝，實際上自然還脫不了這種樣子……軍士心變，軍閥的命運就完了。」

存勗喵**江山**是**打下來了**，

卻**把士兵們**給**忘了**。

《資治通鑑·卷二七四》：
「初，帝（李存勗）得魏州銀槍效節都近八千人，以為親軍……屢立殊功，常許以滅梁之日大加賞賚。既而河南平……軍士乏食，有雇妻鬻子者，老弱採蔬於野，百十為群，往往餒死，流言怨嗟，而帝遊畋不息。」

於是乎，一個**大事件**隨之**爆發**，

而事件的**關鍵角色**正是存勖喵的**義兄**，

李嗣ㄙˋ **源喵！**

白壽彝《中國通史》：
「李嗣源（867—933），唐沙陀部人。本名邈佶烈。為李克用養子……」「李存勗（勖）(885—926)，李克用長子。」

嗣源喵原本是一個**將領**的**孩子**，

《新五代史・卷六》：
「（李嗣源）世本夷狄，無姓氏。父霓，為雁門部將……」

可惜**爹死了**，

白壽彝《中國通史》：
「李嗣源本是李克用部將之子，生於應州金城縣（今山西應縣）。13 歲喪父……」

於是就**被**老李家**收養**了。

趙劍敏《細說隋唐》：
「父親死後，年僅十三歲的李嗣源因善騎射，被李國昌看中，當了貼身侍衛。沒過多久，又被李克用收到帳下……受到李克用的刮目相看，收作了養子。」

嗣源喵**武藝**高強，

《舊五代史．卷三十五》：
「（李嗣源）每從圍獵，仰射飛鳥，控弦必中……」
趙劍敏《細說隋唐》：
「年輕的李嗣源雄壯、果斷、厚道、深沉、恭謹，武藝高強。」

雖然戰場上**打仗英勇**，

沈起煒《五代史話》：
「（李嗣源）是一員勇猛的戰將，號稱「李橫衝」，當年，他率領所部騎兵「橫衝都」，衝鋒陷陣，所向無敵。」

但平時卻很**低調**，

《舊五代史·卷三十五》：
「帝（李嗣源）既壯，雄武獨斷，謙和下士。每有戰功，未嘗自伐。」

每次獲得**獎勵**都**分給部下們**。

《舊五代史·卷三十五》：
「武皇常試之，召於泉府，命恣其所取，帝（李嗣源）惟持束帛數縕而出。凡所賜與，分給部下。」

在**存勖喵**打天下時，
嗣源喵幫他**玩命打仗**，

《舊五代史·卷三十五》：
「天祐五年（908年）五月，莊宗（李存勗）親將兵以救潞州之圍……帝（李嗣源）先入夾城，大破梁軍，是日解圍，其功居最。」
軍事科學院《中國軍事通史》：
「李嗣源在滅梁作戰中冒刃血戰，屢建奇功。」

為**後唐**立下了**汗馬功勞**，

王仲舉《隋唐五代史》：
「嗣源在莊宗世累立戰功，曾以五千騎渡河取鄆州，莊宗因之取大梁……」
趙劍敏《細說隋唐》：
「在李克用手下，李嗣源是戰績輝煌；在李存勗上台後，他依然是累建功勛。」

可以說是**共患難**的情誼。

《資治通鑑·卷二七二》：
「（同光元年，即923年）李嗣源軍至大梁，攻封丘門，王瓚開門出降……是日，帝（李存勗）入自梁門……李嗣源迎賀，帝喜不自勝，手引嗣源衣，以頭觸之曰：『吾有天下，卿父子之功也，天下與爾共之。』」

可惜這一切卻在存勖喵做**皇帝**後，
悄然改變了。

趙劍敏《細說隋唐》：
「李嗣源和功臣們輔助李存勗打天下，可這個君主得了『天下』後，卻對功臣們不安起來。」

存勖喵不僅開始**忌憚嗣源喵**，

《新五代史．卷六》：
「天成元年（926年），郭崇韜、朱友謙皆以讒死，嗣源以名位高，亦見疑忌。」
范文瀾《中國通史》：
「滅梁以後……他（李存勗）不賞功臣，卻用伶人作州刺史，有功軍官，莫不憤怒。戰功最多的李嗣源，首先遭到猜忌。」

還**猜忌**自己的**軍隊**。

白壽彝《中國通史》：
「魏博軍隊是後唐的一支精銳部隊，攻滅後梁，屢建戰功，卻反而受到李存勗（勖）的猜忌。」
《資治通鑑．卷二七四》：
「（天成元年，即926年）魏博指揮使楊仁晸，將所部兵戍瓦橋，逾年代歸，至貝州，（李存勗）以鄴都空虛，恐兵至為變，敕留屯貝州。」

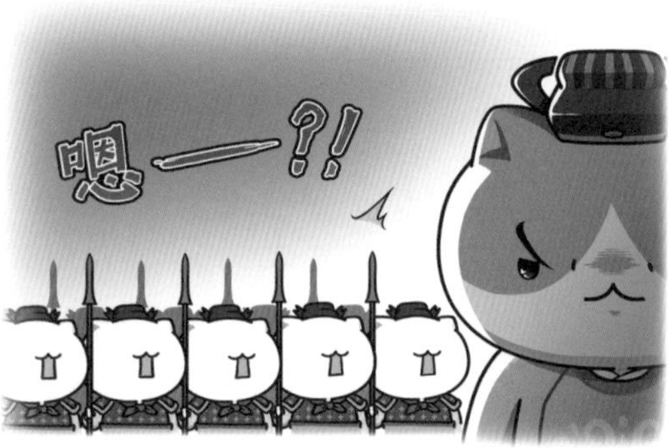

於是乎……軍隊就**造反**了。

白壽彝《中國通史》：
「同光四年（926）二月……魏博士兵期滿回鎮，到達貝州，接到敕令要他們就地留屯。於是人心浮動，發生兵變，指揮使楊仁晸被殺。變兵奉趙在禮為帥，焚掠貝州後兼程南下，攻占鄴都。」

沒辦法，存勖喵只好讓嗣源喵過去**鎮壓**。

《資治通鑑・卷二七四》：
「（天成元年，即926年）李紹榮討趙在禮久無功……帝曰：『諸將無可使者。』皆曰：『李嗣源最為勛舊。』帝心忌嗣源，曰：『吾惜嗣源，欲留宿衛。』皆曰：『他人無可者。』……帝以內外所薦，甲寅，命嗣源將親軍討鄴都。」

可嗣源喵**一到現場**……

《資治通鑑・卷二七四》：
「李嗣源至鄴都，營於城西南；甲子，嗣源下令軍中，詰旦攻城。」

士兵們卻**威脅**他……**當皇帝**。

《舊五代史・卷三十四》：
「（同光四年，即926年）三月丁未朔……壬子，李嗣源領軍至鄴都，營於西南隅。甲寅，進營於觀音門外，下令諸軍，詰旦攻城。是夜，城下軍亂，迫嗣源為帝。」

沒錯，意思就是要讓嗣源喵**當老大**，
回過頭**推翻**存勖喵。

你來當皇帝，帶我造反！
就是！就是！

《資治通鑑．卷二七四》：
「亂兵逼中軍，嗣源帥親軍拒戰，不能敵，亂兵益熾。嗣源叱而問之曰：『爾曹欲何為？』對曰：『將士從主上（李存勗）十年，百戰以得天下。今主上棄恩任威……請主上帝河南，令公（李嗣源）帝河北，為軍民之主。』」

事情怎麼會**變成這樣**……

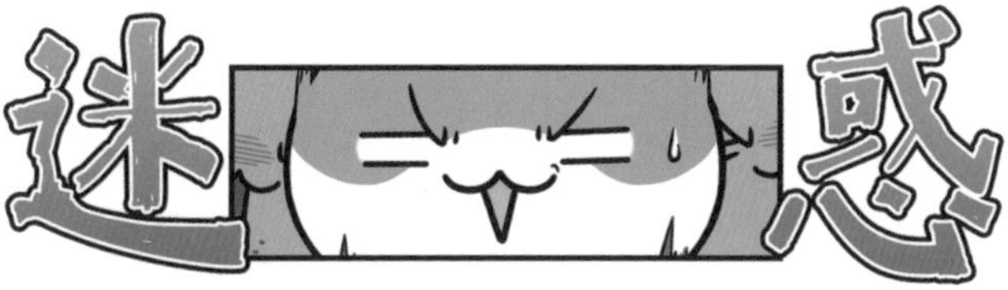
迷惑

就這樣，嗣源喵**被迫**帶著軍隊**「打了回來」**。

衝呀！

白壽彝《中國通史》：
「兵至鄴都城下，親軍嘩變，擁李嗣源入城與趙在禮聯軍。李嗣源本無此意，但迫於內外形勢，在無以自明的情況下率變兵南下。」

兵變的發生可把存勖喵**嚇傻了**，

* 蝦米：指「什麼」，取自閩南語「什麼」的諧音。

他趕緊**帶兵出來**。

白壽彝《中國通史》：
「李存勗（勖）得知情況大變，
急忙率扈從兵 2.5 萬從洛陽東
進大梁……」

可走到一半，
前線就傳來了**失守**的消息，

王仲犖《隋唐五代史》：
「莊宗率扈從兵二萬五千，也從洛
陽東往大梁，至萬勝鎮（在中牟
縣），聞李嗣源已經占據大梁……」

他又只好下令**撤退**。

唉，那算了！
趕緊回去吧！

《資治通鑑．卷二七四》：
「帝（李存勗）至萬勝鎮，聞嗣源已據大梁，諸軍離叛，神色沮喪，登高嘆曰：『吾不濟矣！』即命旋師。」

軍隊本身就對他**不滿**，

王仲犖《隋唐五代史》：
「同光三年（公元925年）大飢，民多流亡……軍士乏食，有雇妻鬻子者。翌年三月，以軍食不足，河南府預徵夏秋稅，民不聊生。租庸使又以倉儲不足，朘刻軍糧，軍心動搖。」

這下更**不爽**了。

回！回！回！
回你個大頭鬼啊!!

《資治通鑑．卷二七四》：
「帝（李存勗）之出關也，扈從兵二萬五千，及還，已失萬餘人……帝還過罌子谷，道狹，每遇衛士執兵仗者，輒以善言撫之曰：『適報魏王又進西川金銀五十萬，到京當盡給爾曹。』對曰：『陛下賜已晚矣，人亦不感聖恩！』」

於是乎，在**士兵們**的**憤怒**當中，

《舊五代史．卷三十四》：
「（同光四年，即926年）四月丁醜朔……帝（李存勗）內殿食次，從馬直指揮使郭從謙自本營率所部抽戈露刃，至興教門大呼，與黃甲兩軍引弓射興教門。」

存勖喵**領了「便當」**。

《舊五代史．卷三十四》：
「帝（李存勗）聞其變，自宮中率諸王近衛禦之……帝御親軍格鬥，殺亂兵數百。俄而帝為流矢所中，亭午，崩於絳霄殿之廡下，時年四十三。」

而嗣源喵在**軍隊**的**擁護**下，
成了新的**後唐皇帝**，

《舊五代史．卷三十六》：
「天成元年（926年）夏四月丙午，帝（李嗣源）自興聖宮赴西宮，文武百僚縞素於位，帝服斬衰，親奉攢，塗設奠，哭盡哀，乃於柩前即皇帝位。」

是為**後唐明宗**！

陶懋炳《五代史略》：「九二六年（天成元年），李嗣源即位洛陽，是為後唐明宗。」

這就是歷史上的**「鄴都之變」**。

王仲犖《隋唐五代史》：「鄴都兵變（又稱「鄴都之變」），莊宗命李嗣源率親軍北討而親軍嘩變，李嗣源被迫引軍渡河，占領汴州（大梁城）。隨後進軍洛陽，自稱監國。旋即皇帝位……」

嗣源喵的**上位**，

是五代十國時期**第二次兵變立帝**，

陶懋炳《五代史略》：
「鄴都兵變，後唐明宗被擁為皇帝，這是五代第二次兵變立帝。」

反映了五代十國時期**軍權**的**膨脹**。

陶懋炳《五代史略》：
「它與前幾次相比，在於這次不是有預謀的兵變立帝。但其後果，卻使驕兵益盛而為禍益烈……」
軍事科學院《中國軍事通史》：
「五代時期，封建軍閥當權，專權跋扈。」

它昭示著**皇帝並非**神聖**不可侵犯**，

樊樹志《國史概要》：
「唐末以來，一向是『兵權所在，則隨以興；兵權所去，則隨以亡』。五代軍閥公然聲稱兵強馬壯就做皇帝。」

而是只要通過**武力便可更換**的事實。

陶懋炳《五代史略》：
「驕兵悍將將君主視為邀功請賞、升官發財的奇貨……」
韓國磐《隋唐五代史綱》：
「節鎮軍卒，利用擁立後可得厚賞，也常擁立節帥為帝，李嗣源、王從珂……就都曾經過兵士的擁立。」

當更多**軍閥**有了**奪取皇位**的想法，

陶懋炳《五代史略》：
「後唐明宗被擁為皇帝……從此，方鎮覬覦皇位，陰謀篡奪者也更多了。」
韓國磐《隋唐五代史綱》：
「唐明宗李嗣源由鎮州節度使帶兵鎮壓魏州軍變，反而聯合兵變士兵取得帝位……皇帝既多由節帥而來，故當時強大的節帥多想做皇帝。」

天下也變得更加**混亂**和**動蕩不安**了。

韓國磐《隋唐五代史綱》：
「五代時方鎮的跋扈囂張，比較唐朝時更進一步。同時，也說明這時的政事極端混亂。」
朱紹侯《中國古代史》：
「在五代十國……無論是北方還是南方，各封建割據者為爭權奪地長期混戰，黃河流域尤其嚴重，給廣大人民群眾帶來了無窮無盡的災難。」

而當華夏大地**紛亂割據**之時，
北方邊境有一股**勢力**則正在悄然**崛起**。

軍事科學院《中國軍事通史》：「長期在我國今河北、北京及山西等地北部的……軍事力量日益強大，構成對五代各國的嚴重威脅。」

他們**是誰**呢？

（且聽下回分解。）

編者按

後唐莊宗李存勗是五代傑出的軍事家，但他治國無方，寵信奸佞，苛待軍隊，從而導致眾叛親離，喪命於亂軍之中。當國君不得軍心，軍隊必然會擁立軍中最有威望的人，長期掌管軍隊的李嗣源就是最佳人選。李嗣源即位後革除莊宗時的弊政，減輕百姓負擔，使人民從數年的戰亂中得到暫時的休息。這是五代少見的安定時期，被稱為「小康」。然而，在軍閥並起的五代，李嗣源的上位無疑促生了更多的野心家，而皇帝也會更加猜忌大臣與武將。當軍隊發現擁立皇帝能得到厚賞，更加把扶持新帝當作邀功請賞的手段。因此，統治階級內鬥不斷，加上各個割據政權之間的爭鬥，五代的局勢更加混亂，社會經濟發展也就停滯不前了。

李存勗——油條（飾）

李嗣源——麻花（飾）

參考來源：《新五代史》、《舊五代史》、《資治通鑑》、《古代漢語詞典》、沈起煒《五代史話》、陶懋炳《五代史略》、白壽彝《中國通史》、范文瀾《中國通史》、傅樂成《中國通史》、朱紹侯《中國古代史》、軍事科學院《中國軍事通史》、張豈之《中國歷史・隋唐遼宋金卷》、鄭學檬《五代十國史研究》、王仲犖《隋唐五代史》、韓國磐《隋唐五代史綱》、呂思勉《白話本國史》、趙劍敏《細說隋唐》、樊樹志《國史概要》、錢穆《國史大綱》

附錄

【「寫了啥？」】

李嗣源不識字，
他當皇帝後看不懂地方的奏報，
只好讓識字的大臣讀給他聽。

【拒收】

李嗣源被叛軍綁架後，
曾多次向皇帝寫信求救、表忠心，
但都被攔了下來，
百口莫辯之下只好「從」了叛軍。

【「李天下」】

後唐莊宗李存勗從小就喜歡演戲，
稱帝後他就開始放飛自我，
每天跟戲子混在一起，
還給自己取藝名「李天下」。

一群喵檔案

麻花小劇場

《考試》

停筆！收卷！
很好！這次我寫滿了！
期待能考一個好成績……
這位同學，你試卷背面的題目為啥不做？
啊？

《實在沒有》

麻花路過河邊時不小心將斧頭掉了進去。
啊！
這時，河神出現了。
河神大人，請問您有撿到我的斧頭嗎？給我鐵的就行！
不好意思，金的和銀的都送光了，鐵的斧頭我也沒看到。

麻花

摩羯座

生日：12 月 24 日

身高：178 公分

喜歡的水果：櫻桃

害怕的事物：天氣冷

（麻花擬人介紹）

麻花的桌面
Ma Hua's Desktop

第一百零四回 ◉ 契丹崛起

在**五代十國**時期，

除了**中原皇朝**和**多個政權**並存之外，

朱紹侯《中國古代史》：
「五代時期的中國形勢，實際上是唐朝末年各地藩鎮割據的繼續和發展。在中原地區相繼出現了五代，在南方和河東地區，則先後或同時並存著十個割據政權（不包括一些小的割據勢力），史稱『十國』。」

北邊還有個**游牧民族**，

這就是**契丹**！

韓國磐《隋唐五代史綱》：
「五代是指後梁、後唐……相繼占據中原一帶的五個王朝……十國是指吳越、吳……圍繞在五代周圍的十個小國……此外還有新興於北方的契丹。」

契丹**並非**國家，
而是由**八個部落**組成的**聯盟**。

《契丹國志・卷一》：
「先是契丹部落分而為八，以次相代。」
韓國磐《隋唐五代史》：
「北魏時契丹分為八部……（唐朝）開元、天寶以後為遙輦氏八部……八部各有大人，而又推一人為八部的大人，以統八部，亦即部落聯盟的酋長。」

傳說契丹是**炎帝**的**後代**，

陶懋炳《五代史略》：
「契丹是我國古代東北少數民族之一，其名始見於北魏。《遼史》稱契丹之先，『出自炎帝』……」

但……**實力**嘛……

卻**不**怎麼**行**……

李錫厚、白濱《中國政治制度通史》：
「最初，契丹只不過是北方諸游牧部族中較為弱小的一部。」

很多個時期**基本上**都是靠著**抱大腿**生存著。

楊志玖《隋唐五代史綱要》：
「元魏時契丹附屬元魏，隋與唐初漠北突厥強盛，則屬突厥。唐太宗時降唐……」

白壽彝《中國通史》：
「（契丹）天寶四載（745）初降唐……其後由於安祿山的挑釁而反唐，依附回紇……會昌二年（842），唐破回紇，契丹重又歸附唐朝。」

然而一個喵的出現**改變**了**契丹**，

楊志玖《隋唐五代史綱要》：
「尤其在唐朝末期，北方軍閥混戰，有許多人民多亡歸契丹，契丹也乘機入塞……因此出塞的漢人便越來越多。」
「漢人的出塞，進步生產技術的傳入，加速了契丹氏族內部私有財產的形成過程……因此契丹的社會便需要變革。完成這一社會變革的便是……」

他就是**耶律阿保機喵**！

《遼史·卷一》：
「太祖大聖大明神烈天皇帝，
姓耶律氏，諱億，字阿保機，
小字啜里只……」

阿保機喵出生在一個**貴族**家庭，

白壽彝《中國通史》：
「耶律阿保機（872—926），即
遼太祖。漢名億，小字啜里只。
唐咸通十三年（872）出生於契
丹迭剌部的一個貴族家庭。」

傳說他媽媽**夢見太陽**掉進自己的**肚子**裡，

然後就**生下**了**他**。

《遼史．卷一》：
「（耶律阿保機）唐咸通十三年生。初，母夢日墮懷中，有娠。及生，室有神光異香，體如三歲兒，即能匍匐。」

而且阿保機喵**三個月**大就能**走**能**說話**，

《遼史．卷一》：
「三月能行，晬而能言……」

甚至能**預知未來**，

《廿二史劄記．卷二十八》：
「太祖（耶律阿保機）生三月能行，晬而能言，知未然事，自謂左右若有神人翼衛……」

說他不是**主角**我是不信的。

長大後的阿保機喵更是**威武雄壯**，

《契丹國志．卷一》：
「阿保機，乃斡里小子也。父斡里，為夷離巾，猶中國刺史……及壯，雄健勇武，有膽略。好騎射，鐵厚一寸，射而洞之。」
《遼史．卷一》：
「（耶律阿保機）既長，身長九尺，豐上銳下，目光射人，關弓三百斤。」

三十歲就成為了部落裡的**軍事老大**，

白壽彝《中國通史》：
「唐天復元年（901），遙輦家族的痕德堇繼為聯盟可汗，三十歲的阿保機則為迭刺部夷離堇（軍事首長），掌握了聯盟的兵馬大權，得專征伐。」

三十二歲**掌控**了**聯盟**，

白壽彝《中國通史》：
「903年……阿保機繼為于越，集聯盟軍政大權於一身。」

三十六歲已經成了**聯盟**的**首領**。

白壽彝《中國通史》：
「907年，他（耶律阿保機）取代遙輦氏，做了聯盟的可汗。」

可阿保機喵並**不只**想**當首領**……

白壽彝《中國通史》：
「作為草原游牧政權最高統治者的可汗，阿保機並不僅僅把目光侷限在草原地區……他不甘於受部落貴族和可汗世選制度的約束……」

因為契丹是**部落聯盟**，

《舊五代史．卷一三七》：
「先是，契丹之先大賀氏有勝兵四萬，分為八部，每部皆號大人，內推一人為主，建旗鼓以尊之，每三年第其名以代之。」

所以實行的是**選舉制**。

白壽彝《中國通史》：
「契丹在部落聯盟時期，首領由世選產生。」
李錫厚、白濱《遼金西夏史》：
「契丹汗位雖然是在同一家族內承襲，但並不是『世襲』，而是『世選』，即由有權勢、地位的貴族們在可汗的兄弟子姪中量才推選繼承人。」

也就是說，

阿保機喵的**弟弟們**也可以**參選**當首領。

李錫厚、白濱《遼金西夏史》：
「依照世選之制，阿保機的弟兄和他一樣有資格通過世選成為可汗。」

這可**不行**！

於是乎，把契丹**聯盟變成**契丹**帝國**，

成了阿保機喵的重要**目標**。

張豈之《中國歷史·隋唐遼宋金卷》：

「907 年耶律阿保機代遙輦氏出任可汗後，開始破壞契丹世選舊制，極力模仿中原封建王朝制度建立專制皇權。」

因為只有**當皇帝**，

他才能**永保權力**！

白壽彝《中國通史》：

「（耶律阿保機）自擔任聯盟可汗之日起，就積極進行建國稱帝的準備。」

為了當皇帝，
阿保機喵**幹了很多事**。

白壽彝《中國通史》：
「耶律阿保機擔任契丹可汗後，繼續擴展勢力，逐漸建立與完善契丹的政治制度……迅速向封建制過渡。」

例如**幹掉周邊**部落，
鞏固契丹勢力。

白壽彝《中國通史》：
「一方面，他（耶律阿保機）繼續以武力征伐周邊地區和民族，進一步擴大聯盟的統治範圍和軍事實力。繼續征服黑車子室韋、吐谷渾、烏丸、奚、烏古和阻卜等部……」

例如**削弱貴族**集團，
加強自身地位等。

白壽彝《中國通史》：
「另一方面，加強內部統治機構的建立，調整統治集團內部的關係，削弱契丹貴族中的保守勢力，加強培植個人勢力集團。」

然而，**首領**的位置**誘惑**實在太大，

白壽彝《中國通史》：
「可汗權力的擴大，威權的提高，更增加了這一職務對契丹貴族的誘惑力。」

阿保機喵的**弟弟們**還是想盡一切辦法來**爭奪權力**。

李錫厚、白濱《遼金西夏史》：
「阿保機即汗位後第五年（911年），他的弟弟剌葛等挑起了一場長期內亂。內亂起因於對汗位的爭奪⋯⋯」

不可以

不公平啊！　我也好想！　憑啥是他！　好氣哦！

分別有⋯⋯

暗中策劃**選舉大會**行動，

密謀

換屆改選大會

白壽彝《中國通史》：
「911年，諸弟剌葛、迭剌、寅底石、安端策劃改選可汗⋯⋯」

逼迫阿保機喵**參加**選舉**大會**行動，

白壽彜《中國通史》：
「次年（912年）十月，在于越轄底和惕隱滑哥的支持和鼓動下，諸弟再次向阿保機的權力宣戰。他們乘阿保機親征阻卜（術不姑）回軍之際，以兵阻道攔截，迫使他參加選汗大會。」

以及**劫持**阿保機喵**參與**選舉**大會**行動。

白壽彜《中國通史》：
「913年，三月間諸弟私下擁立剌葛，自備旗鼓。使迭剌和安端詐稱入覲，劫持阿保機赴會。」

呃可惜……都**失敗了**……

李桂芝《遼金簡史》：
「經過反覆較量，阿保機終於戰勝了諸弟的勢力。914年，他以絞、斬、投崖、生瘞、射鬼箭等刑法處死300餘人。」

史稱**「諸弟之亂」**。

陳佳華、蔡家藝、莫俊卿、楊保隆《宋遼金時期民族史》：「阿保機初稱汗時，曾遭到部內親族的強烈反對。其弟剌葛，糾集諸弟如迭剌、寅底石、安端等發動叛亂，史稱為『諸弟之亂』。」

而**想當**聯盟**老大**的，

除了阿保機喵的**弟弟們**外，

承天《消失的帝國：契丹帝國》：「覬覦汗位的，遠不止阿保機的兄弟們……」

還有**其他**部落的**首領**們。

承天《消失的帝國：契丹帝國》：「……只是苦於沒有足夠的軍事、經濟實力與迭剌部抗爭，其他七個部落才一直隱忍著自己的權力欲望，連續多年的汗位之爭，使迭剌部的勢力受到了削弱，他們開始覺得，自己的機會來了。」

他們甚至**聯合**起來**要求**阿保機喵**下台**，

你要是不乖乖聽話，別怪我們不客氣！
就是！
就是！

《新五代史·卷七十二》：
「阿保機益以威制諸部而不肯代。其立九年，諸部以其久不代，共責誚之。」
陶懋炳《五代史略》：
「阿保機屢次於任期滿時，拒不受代。九年後，七部大人聯合抗議，強迫他解職受代……」

然後……阿保機喵**答應了**。

陶懋炳《五代史略》：
「阿保機被迫受代，傳旗鼓……」

哎?!
哦……好吧。

不過他**要求**讓自己的**部落**去一個
指定的地方**獨立發展**。

這裡！給了我
馬上就走！

《資治通鑑．卷二六六》：
「阿保機擊黃頭室韋還，七部劫之於境上，求如約。阿保機不得已，傳旗鼓，且曰：『我為王九年，得漢人多，請帥種落居古漢城，與漢人守之，別自為一部。』」

這可把**其他**部落的**首領**們**樂壞了**！

哎？真的嗎？
真拿你沒辦法！
行吧行吧！
哈哈哈去吧！

《新五代史．卷七十二》：
「阿保機不得已，傳其旗鼓，而謂諸部曰：『吾立九年，所得漢人多矣，吾欲自為一部以治漢城，可乎？』諸部許之。」

但他們不知道的是……
阿保機喵選的**那地方**出產**食鹽**和**鐵**。

《新五代史．卷七十二》：
「漢城在炭山東南灤河上，有鹽鐵之利，乃後魏滑鹽縣也。其地可植五穀……」

鹽可是**每天**都要**吃**的呀！

范文瀾《中國通史》：
「鹽是生活必需品，即使價貴，貧民總得購買一些。」

果然**沒過多久**，
阿保機喵便靠著鹽和鐵**再次崛起**，

范文瀾《中國通史簡編》：
「古漢城產鹽鐵，地宜農作……阿保機勢力更盛。」

而其他部落則都要來跟他**買鹽**。

陶懋炳《五代史略》：
「阿保機掌握了鹽池，七部皆仰其鹽利。」

這下**機會來了**！

阿保機喵表示，
我給你們**鹽**吃，你們總該**意思意思**吧。

《新五代史・卷七十二》：
「（耶律阿保機）使人告諸部大人曰：『我有鹽池，諸部所食。然諸部知食鹽之利，而不知鹽有主人，可乎？當來犒我。』」

於是乎其他部落的首領們
便拿著**禮物**來參加阿保機喵的**宴會**。

《新五代史・卷七十二》：
「諸部以為然，共以牛酒會鹽池。」

當大家喝得**迷迷糊糊**時，

阿保機喵**登場**了……

陳佳華、蔡家藝、莫俊卿、楊保隆《宋遼金時期民族史》：
「九年（915年），阿保機為對付其他各部的反對者，又在鹽池設伏兵。」

一通操作就把其他**所有**部落的首領們當場**搞定**。

《新五代史・卷七十二》：
「阿保機伏兵其旁，酒酣伏發，盡殺諸部大人……」

就這樣，

阿保機喵成功**統一**了整個**契丹聯盟**，

沈起煒《五代史話》：
「阿保機騙諸部大人赴宴，伏兵殺死。從此，阿保機統一契丹各部。」

然後改制為**契丹帝國**，

《資治通鑑．卷二六九》：「（貞明二年，即916年）契丹王阿保機自稱皇帝，國人謂之天皇王，以妻述律氏為皇后，置百官。至是，改元神冊。」

阿保機喵也自稱**「天皇帝」**。

白壽彝《中國通史》：「阿保機稱天皇帝，以妻述律氏為地皇后，長子耶律倍為太子。」

契丹帝國的建立，

使北方各游牧民族**統一**到**一個政權**下，

沈起煒《五代史話》：

「它（契丹）把北方各族置於一個王朝的統治之下。」

白壽彝《中國通史》：

「阿保機以其卓越的軍事、政治才幹，在部落聯盟的廢墟上建立了國家政權，統一了中國北疆的大片領土和處於分散狀態下的草原各游牧民族……」

就此成為了北方的**強大勢力**；

《新五代史．卷七十二》：

「契丹自阿保機時侵滅諸國，稱雄北方。」

與此同時，也**成為**懸在華夏大地頭頂上的**利劍**，

沈起煒《五代史話》：

「對於當時混亂的中原，新興的契丹又是一個巨大的威脅。」

李錫厚《耶律阿保機傳》：

「天顯元年（926年）六月，阿保機在慎州會見姚坤時……雄心勃勃地向後唐使節提出領土要求，並威脅說要親帥大軍進攻中原。」

與後唐形成**對峙**狀態。

軍事科學院《中國軍事通史》：「從天成元年（契丹天顯元年，926年）起，契丹南侵除了掠奪財富外，更關注吞併中原的領土……契丹隨著國勢的強盛，正貪婪地注視著河北大片地區，對後唐造成嚴重的威脅。」

那麼，後唐這邊又將發生怎樣的**變化**呢？

（且聽下回分解。）

編者按

契丹最早出現於南北朝時期，到了唐末五代，契丹已經有了五百多年的歷史。在這期間，華夏大地的政權與草原的游牧民族政權都在不斷更迭。契丹雖然勢力弱小，卻因相繼依附北魏、突厥、唐朝等而得以存活。耶律阿保機所處的年代，周邊的游牧民族走向衰落，華夏大地又戰亂頻仍，不少漢族官僚和百姓為了躲避戰亂而逃到草原，給契丹帶來了先進的生產方式、文化、制度等。而耶律阿保機本人具有雄才大略以及優秀的作戰能力，在他的帶領下，契丹也就趁勢崛起了。

崛起後的契丹不僅統一了草原，也控制了中國與中亞、西方的交通要道，以至於讓一些國家認為契丹就是中國，比如俄語中「中國」的發音就是從「契丹」而來。

耶律阿保機——煎餅(飾)

參考來源：《遼史》、《契丹國志》、《廿二史劄記》、《舊五代史》、《新五代史》、《資治通鑑》、李桂芝《遼金簡史》、沈起煒《五代史話》、陶懋炳《五代史略》、白壽彝《中國通史》、范文瀾《中國通史》及《中國通史簡編》、韓國磐《隋唐五代史綱》、楊志玖《隋唐五代史綱要》、軍事科學院《中國軍事通史》、朱紹侯《中國古代史》、李錫厚和白濱《中國政治制度通史》及《遼金西夏史》、李錫厚《耶律阿保機傳》、張豈之《中國歷史·隋唐遼宋金卷》、承天《消失的帝國：契丹帝國》、陳佳華等《宋遼金時期民族史》

附錄

【霸氣老婆】

耶律阿保機的老婆述律平
是個女強人，
她不僅經常為阿保機出謀劃策，
還曾親自率軍把敵人打跑。

【劉蕭聯姻】

耶律阿保機很仰慕
漢高祖劉邦和宰相蕭何，
因此他用「劉」來做耶律家的漢姓，
而與耶律家聯姻的家族
都得改成「蕭」姓。

【易容術】

耶律阿保機小時候曾遭遇內亂，
全靠他奶奶把他的臉塗黑，
藏到別人的帳篷裡才躲過一劫。

群喵檔案

煎餅小劇場

《買衣服 1》

《買衣服 2》

ATTENTIO
ATTENTIO
煎餅
雙魚座
生日：3 月 3 日
身高：182 公分
喜歡的水果：桃子
害怕的事物：流汗
（煎餅擬人介紹）

煎餅的桌面
Jian Bing's Desktop

第一百零五回◉引狼入室

後唐是**五代**時期的**第二個**中原政權，

鄭學樑《五代十國史研究》：
「後唐王朝……是五代時期北方的第二個王朝。」
韓國磐《隋唐五代史綱》：
「五代是指後梁、後唐……相繼占據中原一帶的五個王朝。」

可因為統治者**不善**於**治理**……

朱紹侯《中國古代史》：
「李存勖滅後梁後，驕恣荒淫日甚，不問政治，寵信宦官和伶人，疑忌功臣，搞得眾叛親離。」

政局卻**動蕩不斷**！

朱紹侯《中國古代史》：
「同光四年（926年），魏州（河北大名東南）發生兵變，李存勖斃於流矢，李克用養子李嗣源（沙陀人）入洛陽稱帝。」
陶懋炳《五代史略》：
「九三三年（長興四年），明宗（李嗣源）死，在位僅七年多。後唐朝廷遂又陷入混亂……」

這原本只是**皇權**之間的**鬥爭**，

韓國磐《隋唐五代史綱》：
「莊宗李存勖為部下所殺，李嗣源入洛陽稱帝，是為明宗。」「明宗李嗣源死後，養子王從珂奪去生子李從厚的帝位。」

然而卻因為**一個喵**的緣故，
使整個華夏大地遭受了**巨大損失**。

陶懋炳《五代史略》：
「驕兵悍將視君主為其邀功請賞、升官發財的奇貨……在這種形勢下，覬覦皇位的野心家不斷增多，其中陰謀最深、手段最惡劣的便是……此後，中原人民陷入水益深、火益熱的苦難之中。」

這個喵就是**石敬瑭喵**！

白壽彝《中國通史》：
「石敬瑭（892—942），唐沙陀部人，父名臬捩雞。」

敬瑭喵是**軍官家庭**的孩子，

《新五代史．卷八》：「晉王李克用起於雲、朔之間，臬捩雞以善騎射，常從晉王征伐有功，官至洺州刺史。臬捩雞生敬瑭……」

長大後便在後唐**「任職」**。

鄭學檬《五代十國史研究》：「臬捩雞為李克用、李存勖的驍將，歷平、洺二州刺史。石敬瑭亦隨李氏勢力……」

敬瑭喵可是個**狠角色**，

陶懋炳《五代史略》：「石敬瑭是一個極為陰險狠毒的野心家和陰謀家……」

幫後唐的**一代**皇帝**打天下**，

張岦之《中國歷史・隋唐遼宋金卷》：
「石敬瑭，早年隨李存勖作戰，滅梁有大功……」

又幫**二代**皇帝**奪天下**。

張岦之《中國歷史・隋唐遼宋金卷》：
「……後助明宗李嗣源奪位，為駙馬，禁軍副使。」

可惜**三代**是個**「弱雞」**，

張岦之《中國歷史・隋唐遼宋金卷》：
「長興四年（933），明宗病死，子從厚即位，是為閔帝。」
軍事科學院《中國軍事通史》：
「閔帝年輕，優柔寡斷，由樞密使朱弘昭、馮贇等人把持朝政。」

被**篡位**了。

《舊五代史·卷四十五》：
「（應順元年，即934年）四月三日，潞王（李從珂）入洛。五日，即位。七日，廢帝（李從厚）為鄂王。」

而到了**四代**……

傅樂成《中國通史》：
「應順元年（934），從珂以『入清君側』為號召，率軍東進，沿途各地皆降……從珂入京師後，自即帝位……」

他則**不喜**敬瑭喵。

《資治通鑑·卷二七九》：
「帝（李從珂）與石敬瑭皆以勇力善鬥，事明宗為左右；然心競，素不相悅。」

這麼**狠**的家伙，

那簡直是個**禍害**啊！

禍
害

《新五代史·卷八》：「清泰元年（934年）五月，（石敬瑭）復鎮太原，來朝京師。潞王從珂反於鳳翔，湣帝（李從厚）出奔，遇敬瑭於道。敬瑭殺帝從者百餘人，幽帝於衛州而去。廢帝（李從珂）即位，疑敬瑭必反。」

所以四代皇帝不僅**處處提防**，

看這家伙就不是好東西！
早晚要害我！
醜八怪！
二五仔！

白壽彝《中國通史》：「（934年）四月，李從珂繼位為後唐末帝，改元清泰。開始懷疑手握重兵的石敬瑭，處處提防，常常試探。」

還老是**盯著他**。

趙劍敏《細說隋唐》：「李從珂圖得皇位（唐末帝），環視整個領土，認為兵強馬壯且深得人心的石敬瑭對他威脅最大，千方百計要把他調離太原，使他失去賴以依靠的根據地。」

這可讓敬瑭喵**難辦**了……

白壽彝《中國通史》：
「石敬瑭也十分清楚自己所處的險境，事事小心謹慎。」

於是乎，他開始**賣**起**慘**來。

《資治通鑑．卷二七九》：
「（清泰元年，即 934 年）帝（李從珂）即位，敬瑭不得已入朝，山陵既畢，不敢言歸。」

呃……不過**當時**他確實是**病了**，

《資治通鑑．卷二七九》：
「時敬瑭久病羸瘠，太后及魏國公主屢為之言……」

皇帝這才**放他一馬**。

《資治通鑑．卷二七九》：「帝（李從珂）亦見其（石敬瑭）骨立，不以為虞……乃復以為河東節度使。」

逃過一劫的石敬瑭一邊**在家窩著**，

《資治通鑑．卷二七九》：「（清泰二年，即 935 年）河東節度使、北面總管石敬瑭既還鎮，陰為自全之計……敬瑭多於賓客前自稱羸瘠不堪為帥，冀朝廷不之忌。」

一邊則**傳播**北邊外族要**入侵**的**消息**，

藉此讓皇帝**調運軍糧**給他，

白壽彝《中國通史》：
「「石敬瑭既還鎮，陰為自全之計」……另一方面，他藉口契丹屢犯北邊，不斷要求調運軍糧。」

《資治通鑑．卷二七九》：
「（清泰二年，即935年）敬瑭二子為內使，曹太后則晉國長公主之母也。敬瑭賂太后左右，令伺帝（李從珂）之密謀，事無巨細皆知之。」

還老是**偷偷打探**皇帝的**動靜**。

這皇帝本身就**懷疑**他，

白壽彝《中國通史》：
「末帝（李從珂）想削弱和消除最強大的藩鎮、明宗女婿、河東節度使石敬瑭……」

他還這麼搞，**誰受得了啊**！

《資治通鑑．卷二八〇》：
「（天福元年，即936年）薛文遇獨直，帝（李從珂）與之議河東事，文遇曰：『……河東移亦反，不移亦反，在旦暮耳，不若先事圖之。』」

於是乎皇帝找了個**藉口**，就**把他圍了**。

陳佳華、蔡家藝、莫俊卿、楊保隆《宋遼金時期民族史》：
「李從珂為了削弱其（石敬瑭）勢力，於清泰三年（936年）調其為天平節度使。石敬瑭辭不赴命，公開背唐。從珂遣張敬達往討……」

敬瑭喵**雖然猛**，
但**實力**還是跟中央**有差距**的。

陶懋炳《五代史略》：
「九三六年……末帝（李從珂）任張敬達為太原兵馬都部署，楊光遠為副，統大軍討伐。」「唐軍圍太原，築長圍以困城中，城中糧儲日減，窘迫日甚……」

怎麼辦呢？

這時有部下**建議**，

找一個**外援**幫忙……

《資治通鑑．卷二八〇》：
「（天福元年，即936年）敬瑭疑懼，謀於將佐……掌書記洛陽桑維翰曰：『……今部落近在雲、應，公（石敬瑭）誠能推心屈節事之，萬一有急，朝呼夕至，何患無成。』」

而這個外援就是指北邊的**契丹國**。

傅樂成《中國通史》：
「清泰三年（936），廢帝（李從珂）下令徙敬瑭為天平節度使（轄今山東西南部地），並命張敬達率軍促其赴任。敬瑭幕僚桑維翰勸敬瑭發兵拒命，並建議乞援於契丹。」

作為以**游牧民族**為主體的契丹國

一直對中原**虎視眈眈**。

陳佳華、蔡家藝、莫俊卿、楊保隆《宋遼金時期民族史》：

「契丹人早期從事游牧畜牧業……游牧業在其社會生活中占有特殊地位。」

軍事科學院《中國軍事通史》：

「阿保機在後梁貞明二年（916年）建立契丹國後，嚴重威脅中原地區的安全。契丹軍隊多次自河北南下，進攻後唐……」

而敬瑭喵**卻**與契丹做了一個**「魔鬼」**般的**交易**……

韓國磐《隋唐五代史綱》：

「石敬瑭搶奪政權的手段，是最卑鄙無恥的。」

這就是**割讓「燕雲十六州」**！

《資治通鑑．卷二八〇》：

「（天福元年，即936年）石敬瑭遣間使求救於契丹，令桑維翰草表稱臣於契丹主，且請以父禮事之，約事捷之日，割盧龍一道及雁門關以北諸州與之。」

呂思勉《中國通史》：

「（李從珂）把石敬瑭圍困起來。敬瑭乃派人到契丹去求救，許割燕、雲十六州之地。」

有了這個承諾，
契丹立馬**大軍出動**。

《資治通鑑．卷二八〇》：
「（天福元年，即936年）九
月，契丹主將五萬騎，號三十
萬，自揚武谷而南，旌旗不絕
五十餘里。」

在契丹大軍的協助下，
後唐軍大敗，

傅樂成《中國通史》：
「敬瑭叛變後，張敬達率兵圍攻晉
陽……耶律德光自率五萬騎入援，
大敗後唐兵；敬達收餘眾走保晉安
寨（今山西太原市南），契丹圍之。」
《資治通鑑．卷二八〇》：
「（天福元年，即936年）晉安寨
被圍數月……光遠乘其無備，斬敬
達首，帥諸將上表降於契丹。」

史稱**晉安寨之戰**。

軍事科學院《中國軍事通史》：
「契丹多次南侵，大肆掠奪軍
需器械，僅天福元年（936年）
晉安寨之戰，就將馬5000匹、
鎧仗5萬件運回國內。」

經歷了此次大戰，
後唐受到了**重創**。

軍事科學院《中國軍事通史》：
「契丹耶律德光、石敬瑭在晉安寨取勝後，立即引兵南下……後唐軍隊沿路丟戈棄甲，自相踐踏，死者萬計。」

軍隊幾乎**打光**，

軍事科學院《中國軍事通史》：
「後唐由於在晉安寨的軍隊全部覆沒，元氣大傷。」

大臣之間**爭鬥**，

軍事科學院《中國軍事通史》：
「由於後唐末期連續內亂，後唐內部一盤散沙，軍政大臣各懷異心。有的不聞不問，在旁觀看石敬瑭與唐末帝（李從珂）的鬥爭；有的乘機積蓄實力，妄圖篡奪皇位……」

還有很多乾脆**投降**的。

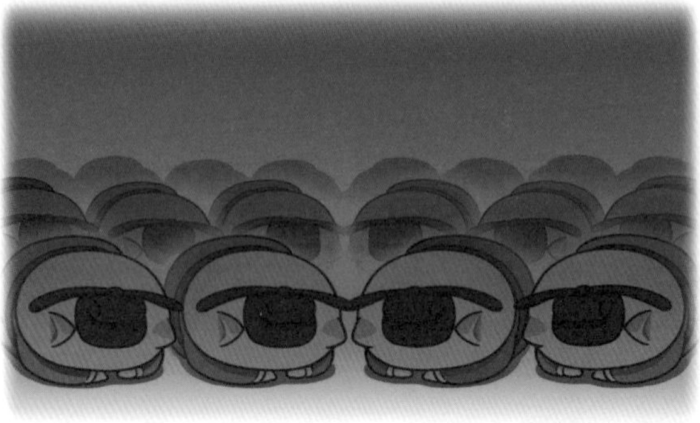

軍事科學院《中國軍事通史》：「……更多的人眼看後唐岌岌可危，急於投降石敬瑭。」

後唐政權已經**無力回天**了，

陶懋炳《五代史略》：「九三六年（後唐清泰三年），石敬瑭在晉陽發動叛變……末帝遣將討伐，叛將如潮，叛兵如毛，末帝走投無路……」

最終在慌亂中**灰飛煙滅**，

《舊五代史・卷七十六》：「（天福元年，即936年）閏十一月甲子，昝安寨副招討使楊光遠等殺上將張敬達，以諸軍來降……辛巳，唐末帝聚其族，與親將宋審虔等登元武樓，縱火自焚而死。」

取而代之的正是敬瑭喵建立的**後晉政權**。

朱紹侯《中國古代史》：「（石敬瑭）於清泰三年（936年）推翻了後唐，即位稱帝，國號晉，遷都開封，改元天福，史稱『後晉』。」

後晉是**五代十國**時期的**第三個**中原皇朝，

鄭學檬《五代十國史研究》：「後晉王朝……是五代時期北方的第三個王朝。」

但它的建立主要**依靠**的卻是**契丹**的力量。

軍事科學院《中國軍事通史》：「後晉滅亡後唐，稱帝中原，主要依靠契丹軍隊的幫助。」

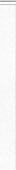

敬瑭喵**為了自保**，

主動向契丹**低頭**，

《資治通鑑．卷二八一》：
「（天福三年，即938年）帝（石敬瑭）事契丹甚謹，奉表稱臣，謂契丹主為『父皇帝』；每契丹使至，帝於別殿拜受詔敕。歲輸金帛三十萬之外……小不如意，輒來責讓，帝常卑辭謝之。」

自認**「兒皇帝」**，

沈起煒《五代史話》：
「石敬瑭同契丹太宗通信，每次都用表，表示君臣有別；稱太宗為『父皇帝』，自稱為臣、為『兒皇帝』。」

且**割讓燕雲十六州**給契丹。

《新五代史．卷八》：
「（天福元年，即936年）十一月丁酉，皇帝（石敬瑭）即位，國號晉。以幽、涿、薊、檀、順、瀛、莫、蔚、朔、雲、應、新、媯、儒、武、寰州入於契丹。」
軍事科學院《中國軍事通史》：
「燕雲十六州（包括今北京市、河北與山西北部、內蒙南部的大片地區）歷來多為我國中原王朝直接統轄的地區。」

燕雲十六州是中原皇朝重要的

經濟和**戰馬**來源，

謝成俠《中國養馬史》：
「周禮職方氏已指出了上古中國本部產馬的分布……幽州（今河北省境）宜四擾（指馬牛羊豬）。」
軍事科學院《中國軍事通史》：
「河北就是唐王朝的重要財賦基地，無論人口、糧食生產絹綿徵收等，都在全國名列前茅。」

它的割讓不僅使華夏大地**中門大開**，

《中國歷代戰爭史》：
「燕雲十六州，自古以來為北部天然之國防屏障，一旦割讓契丹後，中原即陷於無國防，暴露於契丹鐵騎蹂躪之下。」

缺少戰馬來源的中原皇朝
更加**難以抵擋**北方游牧民族的**進攻**。

呂正理《東亞大歷史》：
「中國的產馬之地原本大多是在山西、河北，偏偏都是屬於燕雲十六州，由遼國（契丹）占據。」
軍事科學院《中國軍事通史》：
「騎兵行程遠、速度快、機動性強，適宜於平原曠野的遠程作戰，是封建社會軍隊中主要突擊力量。」

而獲得燕雲十六州的契丹帝國
則得到了豐富的**士兵**來源和**財政**收入。

《宛署雜記．卷二十》：
「（後）晉天福元年（936年），（石敬瑭）割幽薊等十六州賂遼（契丹），以報援立之功……遼升幽州為南京幽都府，後改幽都為析津府，又號燕京。」
《全遼文．卷七》：
「念析津之壤，邇在浚之郊，兵戎冠天下之雄，與賦當域（契丹）中之半。」

燕雲十六州健全的社會制度
也**加速**了契丹從游牧經濟向農業經濟**轉變**，

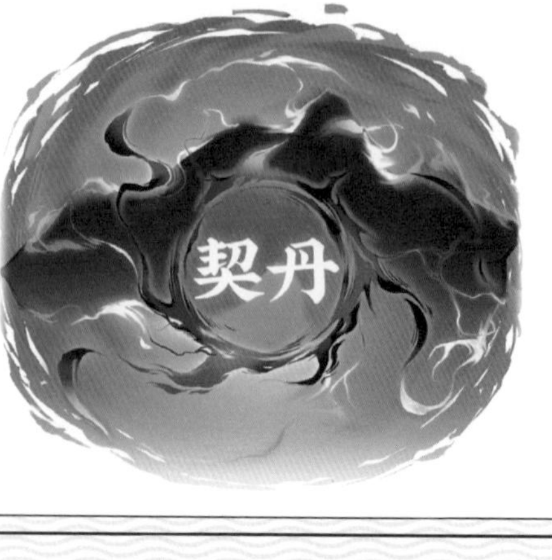

李桂芝《遼金簡史》：
「十六州是先進的農業區，農業、手工業、商業都很發達，它的併入增強了遼朝（契丹）的經濟實力，直接推進了契丹社會和遼政權的封建化進程。」

契丹帝國由此**如虎添翼**。

陶懋炳《五代史略》：
「遼（契丹）得燕雲十六州，又得後晉歲幣，經濟力量空前增強，於是，數年之間『士馬精強，吞噬四鄰』……」

那麼，**暴露**在契丹**鐵蹄**之下的**華夏**大地，
又將迎來怎樣的**動蕩**呢？

范文瀾《中國通史》：
「石敬瑭出賣十六州，從此河北大平原無險可守，河東也僅存雁門關一處險要，形成了契丹處優勢晉處劣勢的局面。」

（且聽下回分解。）

編者按

由於割讓了燕雲十六州，石敬瑭在歷史上臭名昭著。燕雲十六州位於今天的北京、天津以及河北、山西北部，歷來就是兵家必爭之地。此地以北是燕山山脈，秦漢以來，歷代中原皇朝都在此修建長城以抵禦北方游牧民族的入侵。在該地以南，就是廣闊的華北平原，如果中原皇朝失去了這道防禦屏障，游牧民族的鐵騎就可以長驅直入，直搗中原腹地。石敬瑭的割地行為，讓燕雲十六州由阻礙契丹的關卡變為他們南下劫掠的基地。正如《契丹國志》所言，割讓燕雲十六州「乃中原之大禍」，影響了此後數百年的歷史。有一些人認為中原皇朝由於自身軍事孱弱，才無法抵禦游牧民族，這種說法顯然忽略了燕雲十六州的戰略價值。

參考來源：《新五代史》、《舊五代史》、《資治通鑑》、《宛署雜記》、《全遼文》、《中國歷代戰爭史》、陶懋炳《五代史略》、李桂芝《遼金簡史》、白壽彝《中國通史》、傅樂成《中國通史》、沈起煒《五代史話》、韓國磐《隋唐五代史綱》、鄭學檬《五代十國史研究》、軍事科學院《中國軍事通史》、張豈之《中國歷史．隋唐遼宋金卷》、朱紹侯《中國古代史》、趙劍敏《細說隋唐》、呂思勉《中國通史》、謝成俠《中國養馬史》、呂正理《東亞大歷史》、范文瀾《中國通史》、陳佳華等《宋遼金時期民族史》

【不得人心】

石敬瑭稱契丹皇帝為「父皇帝」，
讓很多大臣覺得非常屈辱。
有的人寫信罵他，
有的幹脆直接造反。

【一意孤行】

石敬瑭承諾向契丹割讓
燕雲十六州時，
他的手下告誡他會後患無窮，
但石敬瑭卻完全不聽。

【雨露均沾】

石敬瑭經常派使者給契丹送禮，
不僅給契丹皇帝送，
契丹的太后、太子、
大臣也都有份。

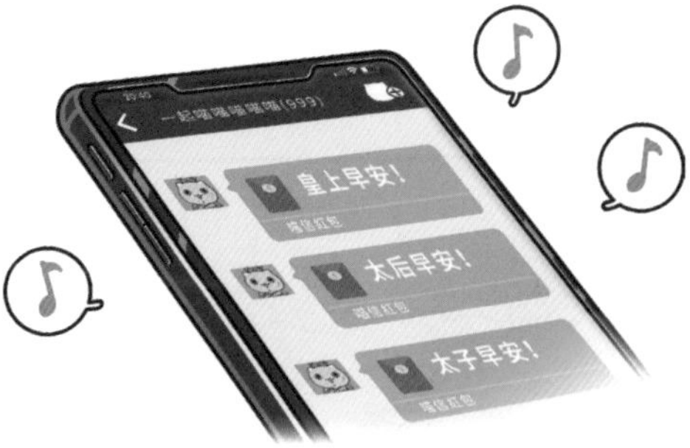

百群喵檔案

年糕小劇場

《香蕉的魅力》

《年糕的筆記本》

年糕

處女座

生日：9 月 8 日

身高：181 公分

喜歡的水果：香蕉

害怕的事物：失敗

（年糕擬人介紹）

年糕的桌面
Nian Gao's Desktop

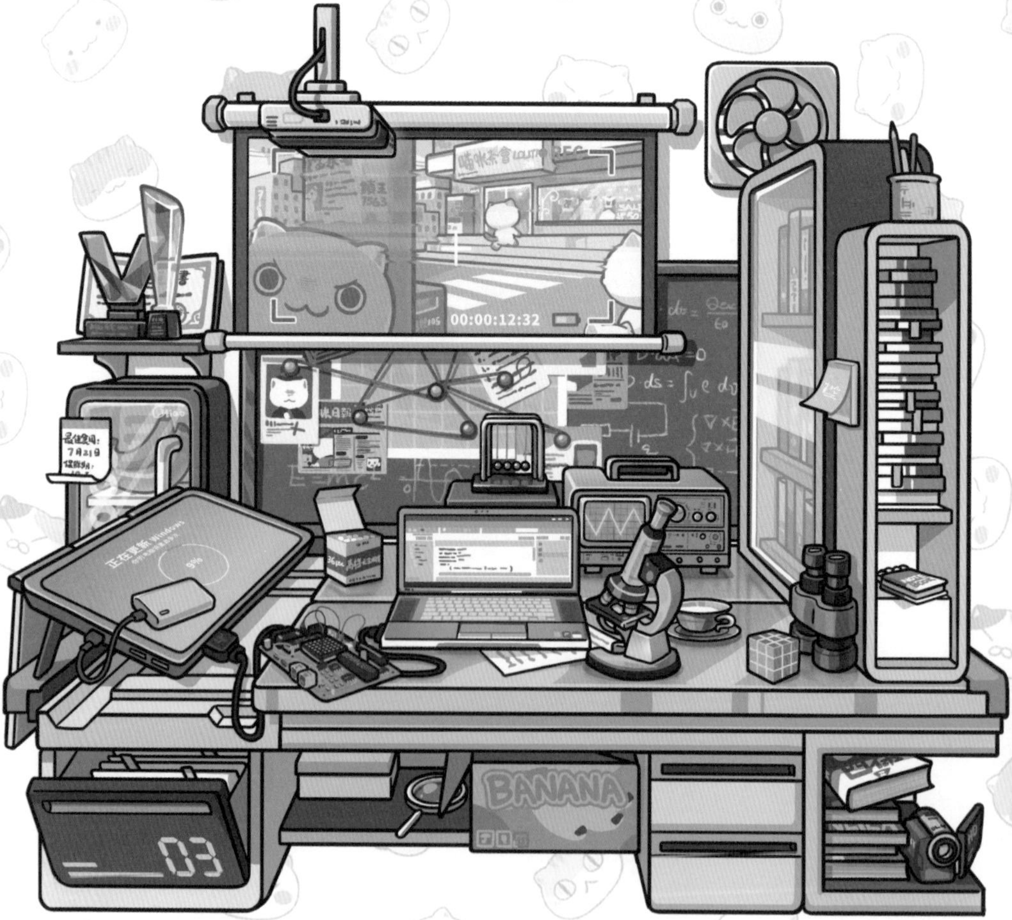

第一百零六回◉遼朝入主

隨著**後晉**的建立，
五代的歷史正式來到了**第三代**。

鄭學樣《五代十國史研究》：
「後晉王朝……是五代時期北方的第三個王朝。」

呃可惜……**後晉**卻是個**糟糕**的政權，

因為它**幾乎**淪為了北邊**契丹**帝國的**附屬國**，

楊樹森《遼史簡編》：
「石敬瑭依靠契丹的軍事力量爬上了『兒皇帝』的寶座以後……中原的後晉也成了契丹的附庸。」
軍事科學院《中國軍事通史》：
「後晉朝廷是遵循契丹統治集團旨意辦事的傀儡政權。」

不僅要向契丹**交「保護費」**，

《新五代史·卷七十二》：
「晉高祖（石敬瑭）每遣使聘問（契丹），奉表稱臣，歲輸絹三十萬匹，其餘寶玉珍異，下至中國飲食諸物，使者相屬於道，無虛日。」

一不小心還要**被罵**，

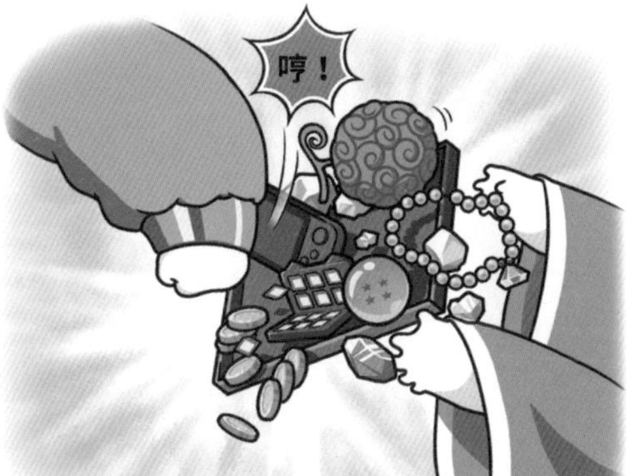

《資治通鑑·卷二八一》：
「每契丹使至，帝（石敬瑭）於別殿拜受詔敕……小不如意，輒來責讓，帝常卑辭謝之。晉使者至契丹，契丹驕倨，多不遜語。」

反正就是**跪著求活命**的那種。

李錫厚、白濱《遼金西夏史》：
「後晉王朝統治下的中原百姓直至百官公卿，同時都淪為契丹統治者的奴僕。」

然而，一個**喵**的出現最終還是**要了**後晉的**命**，

楊樹森《遼史簡編》：「石敬瑭為了討好『父皇帝』，雖然千方百計地搜刮人民為契丹貴族殷勤送禮，但這種卑躬屈節的行徑並不能阻止契丹日益加強對後晉的壓迫。」

他就是契丹的**第二任**皇帝——

耶律德光喵。

《遼史．卷三》：「太宗孝武惠文皇帝，諱德光，字德謹，小字堯骨。太祖（耶律阿保機）第二子……」

從**出生**開始，

德光喵也是**主角設定**，

例如**出生**時**「神光異常」**啦，

《遼史・卷三》：
「……母淳欽皇后蕭氏。唐天復二年（902年）生，神光異常……」

還有出現**白鹿**和**白鷹**等等。

《遼史・卷三》：
「……獵者獲白鹿、白鷹，人以為瑞。」

年紀輕輕就開始**參與政事**，

《遼史・卷三》：
「（耶律德光）及長，貌嚴重而性寬仁，軍國之務多所取決。」

二十歲已經是天下兵馬**大元帥**，

《遼史．卷三》：
「天贊元年（922年），授（耶律德光）天下兵馬大元帥，尋詔統六軍南徇地。」

反正就是**厲害得不行**。

《遼史．卷三》：
「明年（923年），（耶律德光）下平州，獲趙思溫、張崇。回破箭笴山胡遜奚，諸部悉降。復以兵掠鎮、定，所至皆堅壁不敢戰。師次幽州，符存審拒於州南，縱兵邀擊，大破之……」

作為**老二**，
德光喵**本來**是**繼承不了**皇位的。

李桂芝《遼金簡史》：
「遼太祖有嫡子三人，長子耶律倍立為太子……次子德光為天下兵馬大元帥，掌征伐和兵馬大權……」
白壽彝《中國通史》：
「從阿保機即位時立耶律倍為皇太子的決策看，他是準備按中原傳統行嫡長子繼承制的。」

可因為**戰功卓著**，

太子·哥哥
戰神
老二·弟弟

《遼史·卷三》：
「（耶律德光）從太祖（耶律阿保機）破於厥里諸部，定河壖黨項，下山西諸鎮，取回鶻單於城，東平渤海，破達盧古部，東西萬里，所向皆有功。」

又招**老媽疼愛**，

《契丹國志·卷二》：
「太宗諱德光，太祖（耶律阿保機）第二子也。母曰述律氏……述律后尤所鍾愛。太祖崩於扶餘，后欲立之……」

太子·哥哥
乖仔
戰神
老二·弟弟

成功**踹走**了**哥哥**，

拜拜！

《新五代史·卷七十二》：
「初，阿保機死，長子東丹王突欲當立……然述律尤愛德光。德光有智勇，素已服其諸部……而諸部希述律意，共立德光。」

當上了新一任的契丹**皇帝**。

《舊五代史·卷一三七》：
「德光素為部族所伏，又其母亦常鍾愛，故因而立之。」
白壽彝《中國通史》：
「耶律德光是在述律後主持之下取代其兄太子耶律倍繼承皇位的。」

然而皇帝可**不**是那麼**好當**的，

契丹是**游牧民族**組成的國家，

李桂芝《遼金簡史》：
「遼朝（契丹）是以契丹貴族為主體，包括漢人和渤海人、奚人上層共同進行統治的游牧民族建立的政權……」

契丹喵會**放羊**，

李桂芝《遼金簡史》：
「契丹等游牧民族牧養的牲畜，羊、馬為多，牛、駝次之。」

會**騎馬**，

《遼史‧卷五十九》：
「契丹舊俗，其富以馬，其強以兵。縱馬於野，弛兵於民。」

打仗也**超強**，

陶懋炳《五代史略》：
「十世紀時我國疆域內的眾多政權中，轄境最廣、兵力最強者，無逾於契丹（遼）。」

卻**不**怎麼**會種地**。

王鐘翰《中國民族史》：
「由於契丹人的居住地區皆少雨和無霜期短，畜牧和戍邊占去很多勞力……故對契丹人的種植業所達到的水平，不能估計過高。」

農業的**落後**使契丹的**經濟**非常**脆弱**，

黃鳳岐《契丹史研究》：
「畜牧業是契丹社會的主要生產部門，它在契丹民族經濟生活中占有重要地位。」
賀衛光《中國古代游牧民族經濟社會文化研究》：
「游牧經濟是一種十分脆弱的經濟形式，因為游牧民族的畜牧業生產很容易受到天災人禍的破壞。」

一旦有個**刮風下雪**的日子，

搞不好連**飯都吃不上**。

馮繼欽、孟古托力、黃鳳岐《契丹族文化史》：「一旦發生戰亂和天災，都要影響牲畜的繁殖和正常狩獵，契丹人要面臨飢餓和人口銳減。」
《新五代史．卷七十二》：「會天大雪，契丹人馬飢寒，多死……」

糧食**不夠吃**，
於是只能去**搶**了。

陳述《遼代史話》：「遼太祖耶律阿保機（漢名億）出身的迭剌部……過去主要靠搶掠農業區才能吃點糧食。」

所以**契丹**與**中原**皇朝之間**幹架**，
基本上都是為**爭奪資源**。

李桂芝《遼金簡史》：「遼初，契丹頻頻南下，俘虜人口，掠奪財富。」
李錫厚《耶律阿保機傳》：「最初，富庶的中原地區，不過是他們（契丹）從事擄掠的目標。」

契丹喵們雖然**打架勇猛**，

王鐘翰《中國民族史》：
「游牧經濟使契丹人擁有一支剽悍勁疾的武裝力量。」

但對面的**中原喵**不僅**會種地**、**糧食多**，

賀衛光《中國古代游牧民族經濟社會文化研究》：
「中原地區是整個農耕民族的經濟重心。」「我國歷史上的農耕民族在長期的歷史發展過程中……生產出了黍、稷、麥、稻、玉、粟、薯等最主要的食物以及日常生活必須的蔬菜瓜果等農副產品。」

養活的**喵**也多。

張鐵軍《北方草原游牧民族與中國歷史》：
「中國北方草原游牧區和中原定居農耕文化區的最大區別，就是前者地廣人稀……而後者卻是人口眾多。」

契丹喵要**幹過**中原喵還是**很困難**的，

沈起煒《五代史話》：
「中原王朝的力量遠在契丹之上。」
韓國磐《隋唐五代史綱》：
「在中原人民的大力支援下，五代封建政府如能堅決打擊進擾者，則契丹的進擾是不能得逞的。」

特別是**燕雲十六州**，

白壽彝《中國通史》：
「幽（今北京）、薊（今天津薊縣）……是為幽薊十六州，宋代及以後習稱燕雲十六州。」

有**錢**、有**糧**、有**軍隊**，
就是為了**抵禦契丹**存在的。

軍事科學院《中國軍事通史》：
「幽薊十六州（燕雲十六州），原是中原王朝的統治區。這裡不僅封建化程度較高，而且田園豐饒、人口稠密。」
《契丹國志·卷二十二》：
「南京本幽州地，乃古冀州之域……唐置范陽節度，臨制奚、契丹……膏腴蔬蓏、果實、稻粱之類，靡不畢出……」

呃……可惜……

燕雲十六州卻**被**後晉**送了出去**！

《契丹國志．卷二》：

「（天顯十一年，即936年）秋七月，唐殺石敬瑭子弟四人。敬瑭令掌書記桑維翰草表稱臣於契丹帝，且請以父禮事之，約事捷之日，割盧龍一道及雁門關以北諸州（燕雲十六州）為獻。」

沒錯，送給了**契丹**……

作為**協助**後晉**奪取**政權的**條件**，

契丹就這麼**得到了**燕雲十六州這塊**「肥地」**。

白壽彝《中國通史》：

「通過援立石敬瑭，契丹不但使中原政權成為附庸，而且將燕雲十六州納入自己的直接管理之下。」

但……也有點**頭疼**，

畢竟燕雲十六州的**喵民**還是**不願意被契丹統治**的。

陶懋炳《五代史略》：「燕雲十六州割諸遼邦，各州軍民多不甘心，雲州軍民就曾奮起反抗。」

怎樣才能**擺平**這件事呢？

德光喵想到了一個**好辦法**，

于寶林《契丹古代史論稿》：
「契丹原居草原，以牧業為主，而燕雲則是生產力相對先進的以農業為主體的地區……如何治理好農區，就成為契丹建國初期的一個既現實而又迫切的問題……契丹對這一問題解決的（得）是比較好的。」

他決定**「因俗而治」**。

《遼史・卷四十五》：
「至於太宗（耶律德光），兼制中國，官分南、北……因俗而治，得其宜矣。」

簡單講就是，**契丹喵**用**契丹**的**制度**，

《遼史・卷四十五》：
「以國制治契丹，以漢制待漢人。」
白壽彝《中國通史》：
「『因俗而治』的方針，體現在統治機構的設置上就是『官分南、北』……『北面治宮帳、部族、屬國之政』，處理契丹各部和其他游牧、漁獵部族事宜，長官由契丹貴族擔任……」

而**中原喵**則仍用**中原**的**制度**，

《遼史．卷四十七》：
「（契丹）既得燕、代十有六州，乃用唐制，復設南面三省、六部、台、院、寺、監、諸衛、東宮之官。誠有志帝王之盛制，亦以招徠中國之人也。」

這就是有名的**「南北面官制」**。

《遼史．卷四十五》：
「遼國官職，分北、南院，北面治宮帳、部族、屬國之政，南面治漢人州縣、租賦、軍馬之事。」
楊志玖《隋唐五代史綱要》：
「（耶律德光）得十六州後所統治的漢人增多了，更須採用漢官制，因此創行了南北面官制。」

而且德光喵還要求**保護**十六州的**農業**，

白壽彝《中國通史》：
「耶律德光重視農業生產，留意積累治國經驗。特別是得燕雲十六州後，他更重視發展農業生產。不以游幸妨農時，禁止扈從擾民和行軍踐踏禾稼……保護十六州地區的農業生產……」

如此一來，
十六州的喵民**生活沒**啥**改變**，

白壽彝《中國通史》：
「十六州入契丹後，耶律德光沒有改變燕雲地區的經濟基礎和治理方式……」

于寶林《契丹古代史論稿》：
「而自從契丹進入農區（燕雲十六州）後……及時地制定了『以國制治契丹，以漢制待漢人』和『因俗而治，得其宜矣』的總政策，在這個政策下，這一地區原有的生產方式基本沒有受到影響……」

生產方式也**沒**啥**影響**，

反抗情緒才得以**緩解**。

老實點！我們不好惹！
哼，這還差不多！
小心我揍你們！

于寶林《契丹古代史論稿》：
「……原生活方式也沒有大的改變，因而社會也就沒有發生大的動亂。」

有了十六州**幫助**，

靠天吃飯的游牧民族**得到了**很好的**補充**。

+1000
+10
+100
燕雲十六州
+10
+10
+100
+1
+1

李桂芝《遼金簡史》：
「遼朝（契丹）農業的發展和作用的增強，始於滅渤海和幽薊十六州的併入。發達的農業提供了豐富的糧食和其他農產品，成為牧業經濟的必要補充。」

發達的**牧業**可以**提供**大量**戰馬**，

牧

楊樹森《遼史簡編》：
「遼代（契丹）畜牧業很發達，並且積累了豐富的牧養經驗。」
李桂芝《遼金簡史》：
「發達的牧業為游牧民族提供了生活必需品，而且能供給遼朝（契丹）軍事征伐所需的大量馬匹。」

保證契丹的**軍事力量**。

軍
契丹

楊樹森《遼史簡編》：
「契丹統治者很重視畜牧業，這不僅因為它關係到部落的衣食，而且也直接影響到國家軍隊的質量。因為遼代軍隊主要是騎兵，馬匹的多少是決定軍力強弱的重要因素。」

發達的**農業**則可以**提供**豐富的**農產品**，

李桂芝《遼金簡史》：
「遼朝（契丹）統治者大多十分重視農業，對農業採取支持、鼓勵、保護的政策和措施。」「發達的農業為國家提供了豐富的農產品，創造了大量財富，彌補了牧業產品比較單調的缺憾，豐富了農、牧民的生活內容。」

保證契丹的**經濟發展**。

白壽彝《中國通史》：
「十六州的併入對契丹政權有著重要和深遠的意義……發達的農業為契丹政權提供了豐富的糧食和其他農產品，增強了契丹社會的經濟實力。」

契丹帝國在德光喵的治理下**戰鬥力暴漲**，

沈起煒《五代史話》：

「會同元年（938），太宗（耶律德光）接受石晉所獻十六州圖籍，作（做）出升幽州為南京、改革官制、宣布改元等決定，正是適應新形勢的重大措施。我們可以說：從這時候開始，中原王朝和契丹才真正形成新的南北朝局面。」

與此同時，他的**野心**也**不斷膨脹**。

陶懋炳《五代史略》：

「遼（契丹）得燕雲十六州，又得後晉歲幣，經濟力量空前增強……遼主（耶律德光）更積極準備，為大舉深入中原之計。」

西元943年，契丹正式**攻打後晉**。

軍事科學院《中國軍事通史》：

「天福八年（契丹會同六年，943年）十二月，契丹軍隊分三路南進……他們的戰略企圖是長驅直入……不滅亡後晉，決不罷休。」

雖然後晉軍民**頑強抵抗**，

白壽彝《中國通史》：
「契丹帝多次親征，雖攻城略地，但後晉君臣全力抗擊，也曾多次擊敗遼軍。」「初期，契丹軍屢屢失利，戰爭進行得十分艱苦，耶律德光不得不三次徵兵和調整作戰部署。」

但始終**不是**契丹軍的**對手**，

《資治通鑑．卷二八四》：
「（開運二年，即945年）契丹連歲入寇，中國疲於奔命，邊民塗地……」

三年後正式**滅亡**。

張豈之《中國歷史．隋唐遼宋金卷》：
「947年初，契丹軍進占開封城，少帝被俘，北遷黃龍府（今吉林農安），後晉亡。」
李桂芝《遼金簡史》：
「遼先後三次興兵，歷時三年，終於滅亡後晉。」

至此，

德光喵**完成**了**奪取中原**的目標，

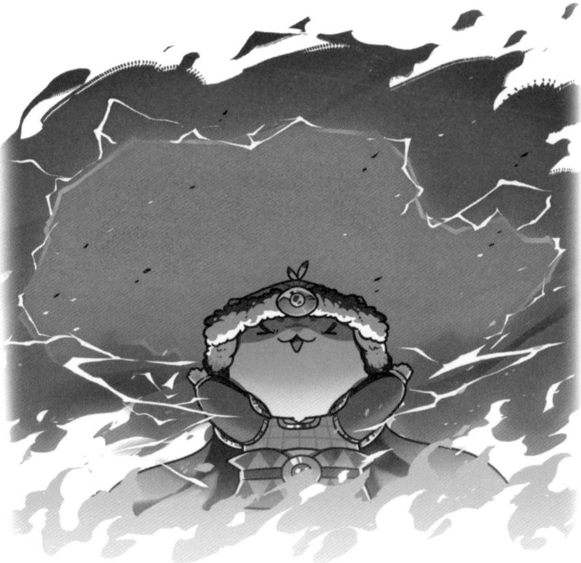

張豈之《中國歷史·隋唐遼宋金卷》：
「會同十年（947）二月初一……（耶律德光）改元『大同』，形式上實現了中原和塞北的統一。」

並就此改**國號**為**大遼**。

《舊五代史·卷九十九》：
「天福十二年（947年）春正月丁亥朔，契丹主（耶律德光）入東京……二月丁巳朔，契丹主具漢法服，御崇元殿受朝，制改晉國為大遼國……」

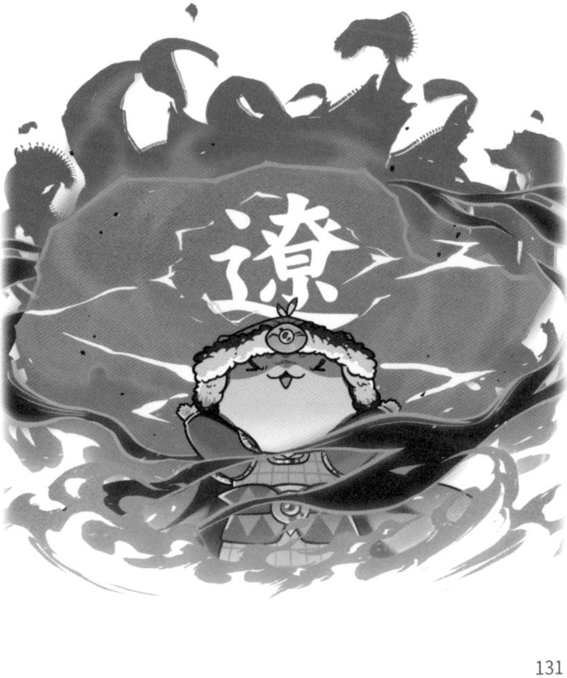

這是遼政權**第一次深入**華夏大地並進行**統治**，

白壽彝《中國通史》：
「經過了三年的征伐……耶律德光終於實現了自其父以來占有黃河以北地區的願望。」「（耶律德光）親身南下與後晉爭奪中原……他親眼看到了中原文物之盛，眼界大開，同時也親身體驗了統治與治理中原的不易。」

從這時起，遼政權更加向**漢文化**靠攏，

《遼史・卷一〇三》：
「及太宗（耶律德光）入汴，取晉圖書、禮器而北，然後制度漸以修舉。」
馮繼欽、孟古托力、黃鳳岐《契丹族文化史》：
「中原皇朝的圖書、禮器等運入遼朝……促進遼朝政治、禮樂制度朝著儒家所要求的方向進行重大改革。意味契丹民族與儒家思想進一步結合……」

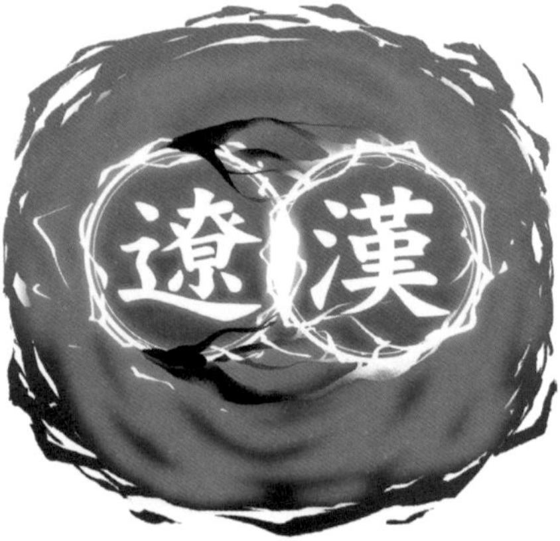

漢化程度也再一次**加深**。

白壽彝《中國通史》：
「耶律德光本人改著漢服，說明他與其父兄一樣能積極吸收漢文化。他們的這一傾向，對後世遼朝諸帝和貴族、百官都產生了積極影響。」

同時，遼的**到來**也使華夏大地**大受震動**，

軍事科學院《中國軍事通史》：「契丹軍隊入犯汴州，滅亡後晉，契丹統治集團與漢民族之間的矛盾相當激烈。」

那麼遼的統治能**持續多久**呢？

（且聽下回分解。）

編者按

中國歷史上出現過不少像匈奴、突厥這樣戰鬥力剽悍的游牧民族。他們所處的草原冬春乾旱，全年雨水不均，不適合發展農業，衣食住行樣樣都離不開牲口。但這樣的游牧經濟遇到天災往往十分脆弱，例如，曾對隋唐造成很大威脅的東突厥，從西元627年起連年遭受雪災，牲畜大批死亡，導致民族內部矛盾重重，最終被唐所滅。相比之下，契丹也是北方草原的一個游牧民族，雖然有炭山古漢城這樣的小農業區，但依然以游牧為主。轉機正是燕雲十六州的併入，燕雲地區發達的農業以及健全的封建制度，不僅為契丹提供了穩定可靠的經濟來源，民族融合也推動了契丹的制度進步，使之避免了像其他游牧政權那樣倏起倏落。

耶律德光——拉麵（飾）

參考來源：《遼史》、《契丹國志》、《新五代史》、《舊五代史》、《資治通鑑》、陳述《遼代史話》、白壽彝《中國通史》、陶懋炳《五代史略》、沈起煒《五代史話》、李桂芝《遼金簡史》、楊樹森《遼史簡編》、于寶林《契丹古代史論稿》、軍事科學院《中國軍事通史》、張豈之《中國歷史・隋唐遼宋金卷》、鄭學檬《五代十國史研究》、李錫厚和白濱《遼金西夏史》、李錫厚《耶律阿保機傳》、王鐘翰《中國民族史》、賀衛光《中國古代游牧民族經濟社會文化研究》、張鐵軍《北方草原游牧民族與中國歷史》、韓國磐《隋唐五代史綱》、楊志玖《隋唐五代史綱要》、黃鳳岐《契丹史研究》、馮繼欽等《契丹族文化史》

附錄

【孝順皇帝】

耶律德光對媽媽非常孝順，
他媽生病了吃不下東西，
他自己也不吃，
而且還親自在身邊照顧。

【悲催哥哥】

耶律德光的哥哥耶律倍
原來是契丹皇太子，
被搶走皇位後離家出走去了中原，
結果被後唐皇帝殺死了。

【偏心老媽】

耶律德光和大哥是一個媽生的，
但他老媽更愛耶律德光，
為了讓他當上皇帝，
硬是幹掉了所有支持大哥的人。

群喵檔案

拉麵小劇場

《抽獎》

真可惜，又沒中。
呃……
抽獎
怎麼回事！為啥我抽不中這個限量的巧克力蛋糕！
為什麼？
神啊！究竟為什麼？
因為我們喵咪吃巧克力會中毒的。
這部漫畫有這麼嚴謹嗎？

《真的有》

瓜子，我今天看到一棵樹上寫著「此地無銀三百兩」。
都啥時代了，還有人玩這種梗。
根本沒埋錢，寫這句話故意騙那些自以為聰明的家伙。
哈哈哈……
裡面真的埋了三千塊錢。
啊?!

拉麵
雙子座
生日：6月1日
身高：180公分
喜歡的水果：芒果
害怕的事物：肚子餓
（拉麵擬人介紹）
ATTENTION
ATTENTION ATTENTIO

拉麵的桌面
La Mian's Desktop

第一百零七回◉後漢建立

經歷三年多的戰爭，
後晉皇朝**被**契丹**消滅**。

李桂芝《遼金簡史》：
「遼（契丹）先後三次興兵，歷時三年，終於滅亡後晉，實現了占領黃河流域的宿願。」
軍事科學院《中國軍事通史》：
「至大同元年（947年），遼太宗（耶律德光）攻入了後晉都城大梁，滅掉了後晉。」

契丹帝國正式**改名**為**遼**。

《遼史．卷四》：
「大同元年（947年）春正月丁亥朔，（耶律德光）備法駕入汴，御崇元殿受百官賀……二月丁巳朔，建國號大遼，大赦，改元大同。」

作為戰爭**勝利者**，
遼帝國**獲得了**垂涎已久的**中原大地**。

軍事科學院《中國軍事通史》：
「從天成元年（契丹天顯元年，926年）起，契丹南侵除了掠奪財富外，更關注吞併中原的領土。」
沈起煒《五代史話》：
「次年（947）二月，耶律德光在東京登基，表示自己正式成為中原的皇帝，宣布以大遼為國號。」

可以說，簡直就是**遼帝國**的**巔峰**時刻。

黃鳳岐《契丹史研究》：
「契丹滅晉後，聲威大振。」

然而**很快**……
它就**墮落**起來。

楊樹森《遼史簡編》：
「契丹貴族占領大梁後，充分暴露出他們那種落後的野蠻性和掠奪性。」

華夏大地豐富的**文化**與**物產**
簡直讓**游牧民族兩眼放光**。

《中國政治制度通史》：
「德光又於後晉天福十二年（947年）初率軍攻占開封……後晉宮廷的豪華和排場使這位游牧部族的可汗眼界大開、羨慕不已。」
呂思勉《白話本國史》：
「明年（947年），契丹太宗（耶律德光）入大梁。然而這時候，遼人全不知治中國之法。一味想搜括中國的錢財……」

於是乎，不僅遼**貴族**們**沉迷享樂**，

《資治通鑑・卷二八六》：
「（天福十二年，即947年）契丹主（耶律德光）廣受四方貢獻，大縱酒作樂……」
《契丹國志・卷十七》：
「太宗（耶律德光）南入大梁，以麻荅為安國節度使，又以為中京留守……麻荅貪殘猾忍，民間有珍貨美女，必奪而取之。」

軍隊也跟著**作威作福**。

《資治通鑑・卷二八六》：
「（耶律德光）縱胡騎四出，以牧馬為名，分番剽掠，謂之『打草谷』。丁壯斃於鋒刃，老弱委以溝壑，自東、西兩畿及鄭、滑、曹、濮，數百里間，財畜殆盡。」

這樣的**統治方式**，
自然是讓華夏**喵民**們非常**不滿的**！

《資治通鑑・卷二八六》：
「（耶律德光）分遣使者數十人詣諸州括借，皆迫以嚴誅，人不聊生。其實無所頒給，皆蓄之內庫，欲輦歸其國。於是內外怨憤，始患苦契丹，皆思逐之矣。」

沒多久，**各地**便爆發了**反抗運動**，

翦伯贊《中國史綱要》：「後晉王朝已被推翻，後晉的軍隊也幾乎全部瓦解了……但是各地漢人卻群起反對契丹貴族的統治。他們多者幾萬人，少者不下千百人，攻克州縣城，斬殺契丹統治者新派的官吏。」

浩浩蕩蕩的反抗運動一下子**燃遍全國**。

《資治通鑑‧卷二八六》：「及契丹入汴，縱胡騎打草谷。又多以其子弟及親信左右為節度使、刺史，不通政事……妄作威福，掊斂貨財，民不堪命。於是所在相聚為盜，多者數萬人，少者不減千百，攻陷州縣，殺掠吏民。」

而這之中，有一個喵成為了反遼的**強大力量**。

陶懋炳《五代史略》：「當耶律德光入汴，中原軍民奮起抗遼之際……據河東，積極策劃，擴充實力……」

他就是**劉知遠喵**！

《新五代史．卷十》：「姓劉氏，初名知遠，其先沙陀部人也，其後世居於太原。」

知遠喵是個**沒啥表情**的家伙，

平時也不怎麼**愛說話**，

白壽彝《中國通史》：「（劉知遠）表情嚴肅凝重且沉默寡言……」

甚至**不愛動**……

《新五代史・卷十》：
「知遠弱不好弄，嚴重寡言……」

知遠喵**從小**家裡就**窮**，

趙劍敏《細說隋唐》：
「他（劉知遠）是沙陀部人，世居太原，家世貧寒。」

長大後也就在軍隊裡混了個**低階軍官**。

白壽彝《中國通史》：
「（劉知遠）年輕時家貧，曾為晉陽（即太原）李氏贅婿，後來他與石敬瑭一起隸屬李嗣源的麾下，為偏將。」
邱樹森《中國歷代職官辭典》：
「偏將軍……為散號將軍之一，從九品下。」

怎麼說呢……就是**普通得不行**的那種。

趙劍敏《細說隋唐》：
「他（劉知遠）家境貧寒，迫於生計，到一個李姓大戶人家當了上門女婿。」「上門女婿不好當，身份太低，被人看不起……劉知遠為了改變自己的命運，走上了當兵吃糧的道路，投在李嗣源的手下。」

然而，上天卻給了他一段**奇遇**！

那就是他在**打仗時救**了一個**同事**，

《資治通鑑．卷二七一》：
「（貞明五年，即919年）左射軍使石敬塘與梁人戰於河壖，梁人擊敬瑭，斷其馬甲，橫衝兵馬使劉知遠以所乘馬授之，自乘斷甲者徐行為殿；梁人疑有伏，不敢追，俱得免……」

而那個同事後來**造反**，

又成了**皇帝**！

呃……沒錯，

就是之前的**後晉皇帝石敬瑭喵**。

朱紹侯《中國古代史》：
「後唐河東節度使石敬瑭……於清泰三年（936年）推翻了後唐，即位稱帝，國號晉，遷都開封，改元天福，史稱『後晉』。」

因為救命之恩，

敬瑭喵火速**提拔**知遠喵。

《新五代史．卷十》：
「明宗（李嗣源）及梁人戰德勝，晉高祖（石敬瑭）馬甲斷，梁兵幾及，知遠以所乘馬授之，復取高祖馬殿而還，高祖德之。高祖留守北京，以知遠為押衙。」「高祖即位於太原，以知遠為侍衛親軍都虞候，領保義軍節度使。」

知遠喵一下子就混得**風生水起**，

軍事科學院《中國軍事通史》：「晉高祖（石敬瑭）先後授劉知遠為侍衛親軍馬步軍都指揮使、鄴都留守，掌管禁軍，坐居重鎮，權勢顯赫。」

甚至「起」到有點**飄***……

*飄：指囂張的意思。

到後面連敬瑭喵的命令都**懶得理**。

《資治通鑑．卷二八二》：「（天福四年，即939年）詔歸德節度使劉知遠、忠武節度使杜重威並加同平章事。知遠自以有佐命功，重威起於外戚，無大功，恥與之同制。制下數日，杜門四表辭不受。」

這做皇帝的也是**有脾氣**的，

《資治通鑑・卷二八二》：「……帝（石敬瑭）怒，謂趙瑩曰：『重威，朕之妹夫，知遠雖有功，何得堅拒制命！可落軍權，令歸私第！』」

於是乎，知遠喵很快就被**踢出**了**中央**，

陶懋炳《五代史略》：「九四〇年（天福五年），石敬瑭藉防範成德節度使安重榮之名，任劉知遠為鄴都留守，仍兼任侍衛親軍馬步都指揮使，將他排擠出朝廷。」

敬瑭喵還不斷**削他權**。

陶懋炳《五代史略》：「次年，又改任北京留守、河東節度使，免除其禁軍統帥職……」

呃……不過敬瑭喵**削到一半**就**「掛了」**。

白壽彝《中國通史》：
「石敬瑭十分惱火，打算罷去他（劉知遠）的兵權勒歸私第……石敬瑭來不及採取更進一步的行動就於天福七年（942）六月病死。」

到了**新一任**皇帝上位，
他也同樣**不喜歡**知遠喵。

白壽彝《中國通史》：
「次年（942）六月石敬瑭死，姪石重貴即位，是為少帝（出帝）。」
范文瀾《中國通史》：
「河東節度使劉知遠，被晉出帝（石重貴）疑忌……」

這樣的情況下，
知遠喵開始有了**造反**的心思。

《資治通鑑．卷二八三》：
「（天福七年，即942年）六月，乙丑，帝（石敬瑭）殂。道與天平節度使……奉廣晉尹齊王重貴為嗣。是日，齊王即皇帝位……初，高祖疾亟，有旨召河東節度使劉知遠入輔政，齊王寢之，知遠由是怨齊王。」

恰好此時北邊的**契丹**打了**過來**，

李桂芝《遼金簡史》：
「會同五年（942年），後晉高祖石敬瑭死，姪石重貴即位。致遼太宗書只稱孫，不稱臣。導致遼的南伐。」

而沒本事的後晉**朝廷**又反過來**求**知遠喵**幫忙**。

《資治通鑑·卷二八四》：
「（開運元年，即944年）契丹之入寇也，帝（石重貴）再命劉知遠會兵山東……」
陶懋炳《五代史略》：
「遼兵南犯之際。他（劉知遠）保聚河東……晉廷屢詔他會師共擊遼兵……」

朝廷這下不僅**不削他權**了，

還不斷給他**升官**。

《新五代史·卷十》：
「自出帝（石重貴）立……常疑知遠勛位已高，幸晉多故而有異志，每優尊之。拜中書令，封太原王、幽州道行營招討使，又拜北面行營都統。」

而知遠喵這邊呢？

大官是做了，

升官

《新五代史．卷十》：
「開運二年（945年）四月，
封（劉知遠）北平王……」

但他只在邊上**吃瓜**……

《新五代史．卷十》：
「……三年（946年）五月，加守太尉，然王（劉知遠）未嘗出兵。」
白壽彝《中國通史》：
「在晉遼作戰過程中，劉知遠總是據守本境，除非契丹軍隊打到他的地盤才作反擊，其餘則一概不問，採取坐觀成敗相機行事的策略。」

看著晉軍挨揍，

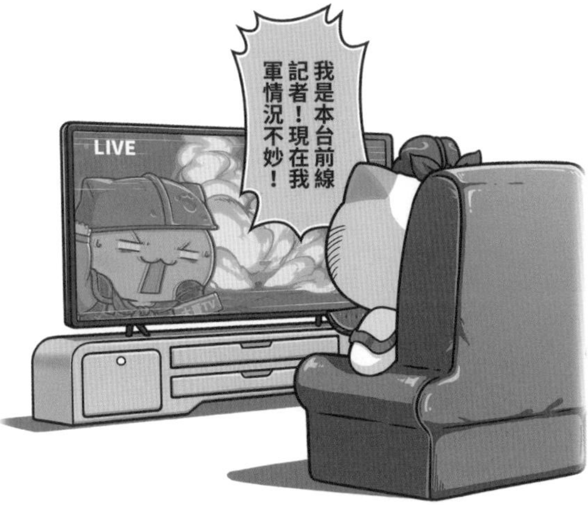
我是本台前線記者！現在我軍情況不妙！
LIVE

《資治通鑑．卷二八六》：
「契丹屢深入，知遠初無邀遮、入援之志。」

同時還一邊**積攢**自己的**實力**。

《資治通鑑．卷二八六》：「初，晉主與河東節度使、中書令、北平王劉知遠相猜忌，雖以為北面行營都統，徒尊以虛名……知遠因之廣募士卒。」

等到後晉**被幹掉了**，

朱紹侯《中國古代史》：「開運四年（947年）初，遼兵攻入開封，晉亡。」

他又在老巢待著**不出來**，

軍事科學院《中國軍事通史》：「自耶律德光進入汴州後，劉知遠在太原密切注視著中原各地的動靜。」

靜靜**看著**契丹喵**作死**。

范文瀾《中國通史》：「遼軍入開封，劉知遠使部將王峻以賀戰勝為名，到開封察看形勢。王峻回來說，契丹貪殘失人心，必不能久據。」

最後當喵民們**恨透**契丹喵時，

陳述《遼代史話》：「德光按照草地上的習慣，以戰勝者的姿態，在中原縱情搶掠，激起了中原人民更大的憤怒和反抗。」

知遠喵這才**出場**。

《資治通鑑．卷二八六》：
「（天福十二年，即947年）劉知遠即皇帝位……壬申，詔：『諸道為契丹括錢率帛者，皆罷之……自餘契丹，所在誅之。』」
范文瀾《中國通史》：
「與遼主（耶律德光）稱帝同時，劉知遠也在晉陽稱帝……又下詔慰勞農民及保衛地方、武裝抗遼的民眾。」

此時的他不僅**實力充足**，

白壽彝《中國通史》：
「當後晉與遼（契丹）爭戰之際，後晉北平王、河東節度使劉知遠，意存觀望。同時招兵買馬擴充實力，步、騎達5萬人，成為後晉最強大的藩鎮。」

民眾也**支持**他。

范文瀾《中國通史》：
「（劉知遠）即位以後……下詔諸道，禁止為契丹括錢帛，在諸道的契丹人，一律處死。」「他（劉知遠）按照慣例，商議括民財來賞賜將士。皇后李氏說，不可傷害民眾，應該拿出宮中所有財物犒軍……他採納李氏的建議，果然軍民都很喜歡。」

有了知遠喵這桿大旗，
整體的**形勢**開始了**逆轉**，

范文瀾《中國通史》：
「漢高祖（劉知遠）這些措施，在晉國境內起著振奮人心的作用，民眾組織起義軍，到處攻殺遼人，一些被迫降遼的晉官，也殺遼官來求位號，人心歸附……」

其他**反遼**勢力紛紛**合力出擊**。

李桂芝《遼金簡史》：
「（947年）二月，後晉河東節度使劉知遠在太原稱帝……各地節度使又多殺契丹監軍、使者和所任各官，附劉知遠。」

加上此時的遼，
內部還產生了**爭鬥**，

陶懋炳《五代史略》：
「中原軍民的抗遼鬥爭，不僅有漢族人民群眾浴血奮戰，還有境內北邊諸族的配合……促成了遼皇室內部的分化和傾軋。」

中原的**天氣**他們也**不習慣**，

《資治通鑑．卷二八六》：
「契丹主（耶律德光）復召晉百官，諭之曰：『天時向暑，吾難久留，欲暫至上國省太后。當留親信一人於此為節度使。』」

於是乎……開始**撤回北方**。

李桂芝《遼金簡史》：
「（947年）三月，太宗（耶律德光）召集百官，以天時向熱，難以久留，欲回省太后為名，離汴北歸……」

就這樣，

知遠喵**沒費**太大的**力氣**就**收回**了中原地區，

楊樹森《遼史簡編》：
「當契丹軍攻打後晉進入大梁時……（劉知遠）一直採取觀望的態度……待契丹軍撤退以後，劉知遠趁機進入大梁，輕易地搶占了中原。」

成為新一任的**中原霸主**，

白壽彝《中國通史》：
「契丹軍占領開封後，放縱其軍『打草谷』，大肆劫掠，黃河南北各地人民紛紛起兵反抗。三月，耶律德光率軍北歸……」
范文瀾《中國通史》：
「遼軍被迫退走，劉知遠也就很自然地成為占領中原的皇帝。」

這就是他建立的**後漢政權**。

白壽彝《中國通史》：
「（劉知遠）於開運四年（947）二月在太原即皇帝位。可是他『自言未忍改晉』……稱此年為天福十二年。六月，他到洛陽，正式改國號為漢，史稱後漢。」

後漢的建立，
意味著華夏大地**擺脫了**遼的**殘暴統治**。

趙劍敏《細說隋唐》：
「他（劉知遠）建立的後漢政權，在一定程度上，表達了中原民眾反抗契丹的傾向。」
白壽彝《中國通史》：
「遼太宗（耶律德光）縱兵『打草谷』進行劫掠，各地人民紛紛起兵反抗……不久，原後晉地區為後漢占有……」

遼**統治**華夏的**意圖**自此受到**重挫**，

朱紹侯《中國古代史》：
「華北和中原地區的人民紛紛組織義軍……給入侵的遼軍以沉重打擊，從而粉碎了遼太宗（耶律德光）稱帝中原的企圖。」
翦伯贊《中國史綱要》：
「在受到起義民兵的強烈打擊之後，契丹皇帝耶律德光便被迫在947年三月從開封撤退，在撤退的途中，耶律德光病死在河北欒縣的殺胡林。」

之後的幾十年遼都**沒有**再次**南下**。

翦伯贊《中國史綱要》：
「這次漢人的武裝反抗，不但把契丹貴族及其南侵軍趕出中原和華北，且使契丹貴族從此不敢長驅直入到黃河以南。」
朱紹侯《中國古代史》：
「此後，契丹貴族內部為爭奪皇位不斷發生內亂，因而在遼世宗（耶律阮）和遼穆宗（耶律璟）統治時期（947—968年），南侵勢頭有所緩和。」

那麼在政權頻繁更替的五代，
後漢的統治又能**維持多久**呢？

（且聽下回分解。）

編者按

在五代，地方軍閥各懷異心、趁時局動盪不斷擴張實力，進而登基稱帝的事跡屢見不鮮。後晉高祖石敬瑭就是因後唐末帝的猜忌而萌發異志，最終求援契丹奪取了皇位，而全程參與的劉知遠在遇到同樣情況時則表現得更為狡猾。當遼進入中原時，劉知遠已經進行了長達七年的準備，但他仍然選擇默默觀望，甚至假裝向遼的皇帝示好，以換取發展的空間。當遼軍燒殺搶掠、引起民憤時，中原軍民就迫切需要一個新政權與契丹相抗衡。這時，劉知遠再次舉起反遼的旗幟，自然會得到眾人的擁護，而後奪取天下。然而，劉知遠為避遼軍鋒芒，對遭受苦難的百姓冷眼旁觀，證明了他「無為君之德」，這也預示著後漢政權遲早會失去民心。

劉知遠——水餃（飾）　　石敬瑭——年糕（飾）

參考來源：《遼史》、《舊五代史》、《新五代史》、《資治通鑑》、《契丹國志》、《中國政治制度通史》、陶懋炳《五代史略》、沈起煒《五代史話》、白壽彝《中國通史》、范文瀾《中國通史》、李桂芝《遼金簡史》、趙劍敏《細說隋唐》、軍事科學院《中國軍事通史》、黃鳳岐《契丹史研究》、楊樹森《遼史簡編》、呂思勉《白話本國史》、翦伯贊《中國史綱要》、邱樹森《中國歷代職官辭典》、朱紹侯《中國古代史》、陳述《遼代史話》

附錄

【以一敵十】

劉知遠很會打仗，
在一次戰役中，
他曾經用五千人
擋住了五萬敵軍進攻，
這讓上司石敬瑭更欣賞他了。

【漢朝後裔】

劉知遠是個沙陀人，
他為了拉攏人心，
曾立廟供奉漢高祖劉邦和光武帝劉秀，
表明自己是漢朝皇室的後裔。

【最佳輔助】

劉知遠的老婆李氏
曾在國庫缺錢時，
拿出自己的私房錢
給後漢士兵發獎金，
幫劉知遠贏得了軍隊的支持。

百群喵檔案

水餃小劇場

《睡覺》

《打雪仗》

水餃

白羊座

生日：4 月 1 日

身高：177 公分

喜歡的水果：鳳梨

害怕的事物：下雨天

（水餃擬人介紹）

水餃的桌面
Shui Jiao's Desktop

第一百零八回 ◉ 郭氏開國

趁著**遼帝國**入主中原，

不得民心之際，

黃鳳岐《契丹史研究》：

「契丹滅晉後，聲威大振。太宗耶律德光會同十年（公元947年）正月初一進入大梁……國號改為大遼，改元大同，有久據中原之意……契丹軍隊到處強徵民間糧草謂之『打草谷』，更激起了中原人民的反抗。」

後晉大將知遠喵趁機奪取天下，

建立了**後漢政權**。

翦伯贊《中國史綱要》：

「在受到起義民兵的強烈打擊之後，契丹皇帝耶律德光便被迫在947年三月從開封撤退。」

「947年春，劉知遠乘契丹兵馬撤退之時，在太原稱帝。以後還都開封，是為後漢。」

可皇帝**位子**都還**沒坐暖**……

他就**病死了**……

白壽彝《中國通史》：
「後漢乾祐元年（948）正月下旬，登上皇帝寶座不滿一年的後漢皇帝劉知遠病死……」

留下年紀輕輕的**兒子**和
一群輔助他的**大臣**。

《資治通鑑．卷二八七》：
「（乾祐元年，即948年）帝（劉知遠）召蘇逢吉、楊邠、史弘肇、郭威入受顧命，曰：『余氣息微，不能多言。承祐幼弱，後事托在卿輩。』……是日，殂於萬歲殿……」
王仲犖《隋唐五代史》：
「劉知遠才把黃河流域統一，就在乾祐元年（公元948年）正月病死了……子承祐即皇帝位，時年十八歲，是為隱帝。」

那麼，後漢政權有沒有**穩固發展**呢？

沒有！

鄭學檬《五代十國史研究》：
「後漢政局無法走向穩定，人民亦無安心壟畝之可能，社會經濟狀況繼續在惡化。」

因為**不恰當**的操作，
卻將一個**喵**推上了**歷史舞台**。

陶懋炳《五代史略》：
「年幼無知的後漢隱帝劉承祐登上帝座，所引用者更是一批庸碌無知、又愛輕舉妄動的浮躁之徒。」

他，就是**郭威喵**！

《舊五代史．卷一一〇》：
「姓郭氏，諱威，字文仲，邢州堯山人也。」

郭威喵**出生時**，

據說就有**紅光**照進室內，

《舊五代史．卷一一〇》：

「（郭威）載誕之夕，赤光照室……」

還有炭爐炸裂，

火星四射的劇情……

《舊五代史．卷一一〇》：

「……有聲如爐炭之裂，星火四迸。」

這……真的不是**家裡著火**嗎？

郭威喵的**老爸**是個**將領**，

白壽彝《中國通史》：
「郭威（904—954），字文仲，邢州堯山（今河北隆堯）人。父郭簡……」
《冊府元龜・卷一》：
「慶祖（郭簡）為武皇（李克用）內牙愛將，專掌親軍，指麾所行，無不景從，攻城野戰，勇爵崇高。」

不過在他**三歲**那年……就**「掛了」**，

《新五代史・卷十一》：
「（郭威）父簡，事晉為順州刺史。劉仁恭攻破順州，簡見殺……」
《舊五代史・卷一一〇》：
「（郭威）生三歲，家從太原。居無何，皇考（郭簡）為燕軍所陷，歿於王事。」

然後沒多久……**他娘**也**「掛了」**。

沈起煒《五代史話》：
「郭威字文仲，邢州堯山（今河北隆堯西）人……母親改嫁郭簡，他因而改姓郭。郭簡做過刺史，在戰亂中被殺；不久，母親也死了。」

慘兮兮……

幸好**長大後**，

郭威喵不僅**高大威猛**，

《二十四史全譯·舊五代史·第二冊》：

「（郭威）長大成人，形貌神態魁偉雄壯，志向出眾超凡，愛練兵器，喜歡鬥勇……」

還**聰明**，愛**讀書**，

《舊五代史·卷一一〇》：

「（郭威）性聰敏，喜筆劄……」

就是……**不愛當農民**。

《舊五代史・卷一一〇》：
「（郭威）及長，形神魁壯，趨向奇崛，愛兵好勇，不事田產。」

於是乎，他選擇了**去當兵**，

《新五代史・卷十一》：
「潞州留後李繼韜募勇敢士為軍卒，威年十八，以勇力應募。」

上了戰場**殺敵**，

下了戰場**學習**。

《舊五代史・卷一一〇》：
「（郭威）及從軍旅，多閱簿書，軍志戎政，深窮綮肯，人皆服其敏。嘗省昭義李瓊，瓊方讀《閫外春秋》，即取視之，曰：『論兵也，兄其教我。』即授之，深通義理。」

經過磨鍊，
郭威喵逐漸成為了**文武雙全**的存在，

《舊五代史・卷一一〇》：
「天成初，明宗（李嗣源）幸浚郊。時朱守殷嬰城拒命……（郭威）從晉高祖（石敬瑭）一軍率先登城。」
陶懋炳《五代史略》：
「（郭威）又從李瓊學《閫外春秋》，懂得兵法要義。後來遂以長於書記，受石敬瑭、劉知遠重用。」

後來隨著知遠喵**南征北戰**。

白壽彝《中國通史》：
「劉知遠任後晉侍衛親軍都虞候時，他（郭威）已主動歸隸其下，很受器重。不論劉知遠調任何處，他都跟隨左右而成心腹。」

最終知遠喵**成了皇帝**，

《新五代史・卷十一》：
「（天福十二年，即947年）
契丹滅晉，漢高祖（劉知遠）
起兵太原，即皇帝位……」

而郭威喵則成了**開國元勛**。

白壽彝《中國通史》：
「契丹滅後晉時，郭威和蘇逢吉、
楊邠、史弘肇等力勸劉知遠建號，
成為後漢的開國元勛……是劉知
遠最重要的輔弼功臣之一。」

這本來感覺**前途**應該是**一片光明**的，

可知遠喵很快就**病死了**，

白壽彝《中國通史》：
「（劉知遠）於開運四年（947）二月在太原即皇帝位……六月，他到洛陽，正式改國號為漢，史稱後漢。第二年正月改年號為乾祐，可是不到半個月他就病死了……」

留下**包括郭威喵**在內的幾個**老夥計**，

白壽彝《中國通史》：
「劉知遠臨終前，以郭威與楊邠、史弘肇等為顧命大臣……」

一起**輔佐**年輕的**小皇帝**。

《新五代史·卷十》：
「隱皇帝（劉承祐），高祖（劉知遠）第二子承祐也。高祖即位，拜右衛上將軍、大內都點檢……高祖不豫，悲哀疾劇，乃以承祐屬諸將相。」
《新五代史·卷十一》：
「乾祐元年（948年）正月，高祖（劉知遠）疾大漸，以隱帝（劉承祐）托威及史弘肇等。」

你要知道，老臣們都是**打天下**打**出來**的，

范文瀾《中國通史》：
「漢隱帝（劉承祐）時，蘇逢吉為宰相，樞密使楊邠管機政，樞密使郭威掌出兵作戰，侍衛親軍都指揮使史弘肇統率禁兵……這些人都是最有權力的所謂國家勳舊之臣。」

彼此之間本來就**誰都不服誰**，

軍事科學院《中國軍事通史》：
「漢隱帝（劉承祐）即位後，面臨著統治集團內部錯綜複雜的鬥爭，朝廷大臣分為史弘肇、楊邠、郭威與蘇逢吉這兩個派系，雙方嚴重不合。」

遇上點叛亂啥的，
根本**沒**辦法形成**有效戰鬥力**。

白壽彝《中國通史》：
「後漢乾祐元年（948）……河中（今山西永濟西）李守貞、永興（今陝西西安）趙思綰……相繼叛亂。」

軍事科學院《中國軍事通史》：
「河中、長安、鳳翔三鎮叛亂……從乾祐元年（948年）四月至七月的第一階段作戰，缺乏統一指揮，將領們不團結……作戰消極被動，毫無戰績。」

不過**幸好**還有**郭威喵在**，

靠譜

《新五代史・卷十一》：
「是歲（948年）三月，河中李守貞、永興趙思綰、鳳翔王景崇相次反……（劉承祐）乃加拜威同中書門下平章事，使西督諸將。」

他不僅與士兵們**同甘共苦**，

老大，趕緊吃吧，等下沒了。
是啊，他們可不會等你……

《新五代史・卷十一》：
「威居軍中，延見賓客，褒衣博帶，及臨陣行營，幅巾短後，與士卒無異；上（劉承祐）所賜予，與諸將會射，恣其所取，其余悉以分賜士卒，將士皆歡樂。」

還凡事**衝前面**，

老大人呢？
已經帶頭衝過去了！
在這兒

白壽彝《中國通史》：
「（948年）河中節度使（鎮河中府，今山西永濟西）李守貞、永興節度使……相繼發動叛亂……劉承祐就加給他（郭威）同中書門下平章事的頭銜，督諸將征討三鎮。」「（郭威）上陣打仗時，身著短裝，與士兵一樣。『臨矢石，冒鋒刃，必以身先，與士伍分甘共苦』。」

把叛軍打得**服服貼貼**。

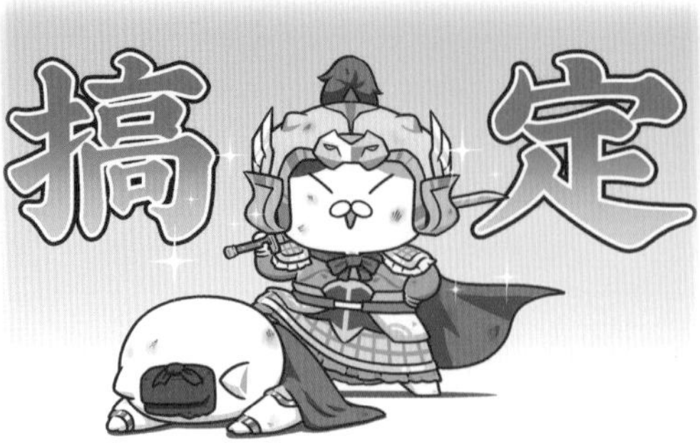

范文瀾《中國通史》：
「九四八年，李守貞據河中，趙思綰據長安，王景崇據鳳翔，同時反叛。漢隱帝（劉承祐）令郭威督諸軍討伐三叛鎮。」
軍事科學院《中國軍事通史》：
「乾祐元年（948 年）八月郭威出任平定叛亂的軍事統帥後，形勢突變，最後取得全面勝利。」

這樣的**功績**自然讓他**獲得**上下一致的**好評**，

陶懋炳《五代史略》：
「九四九年（乾祐二年）……三叛既平，郭威不自居功而推功於諸將相、方鎮，遍加升賞，博得朝內外的普遍稱頌，威望大增。」

呃……**除了**一個喵以外，

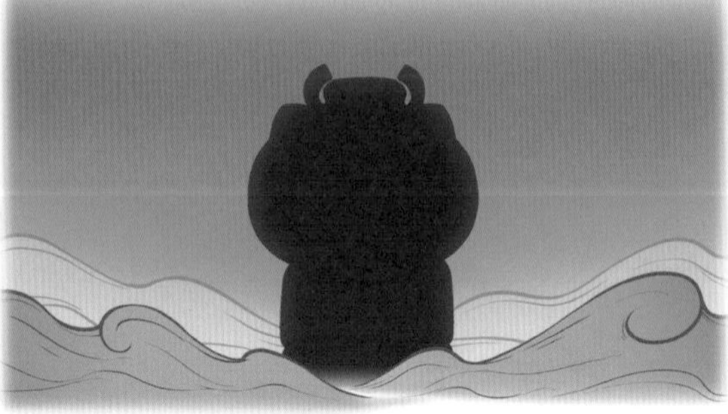

他就是**小皇帝**。

范文瀾《中國通史》：
「漢隱帝（劉承祐）厭惡諸大臣，想用自己的親信人執掌朝政。」

軍事科學院《中國軍事通史》：
「臨終之前，他（劉知遠）囑咐大臣蘇逢吉、楊邠、史弘肇、郭威等人輔佐年僅18歲的兒子劉承祐為帝……」

作為一個沒啥資歷的**「菜鳥」**，

老臣們根本**不**把他**放眼裡**。

軍事科學院《中國軍事通史》：
「漢隱帝（劉承祐）年輕，毫無治理國家的經驗。史弘肇、楊邠等專權擅命，不把他放在眼裡。漢隱帝（劉承祐）的行動處處受到史弘肇一夥人的壓制……」

小皇帝也是會長大的，
這樣的情況讓他非常**不爽**。

《舊五代史・卷一〇七》：
「隱帝（劉承祐）年漸長，厭為大臣所制，嘗有忿言……」

於是，小皇帝**行動了**！

《資治通鑑・卷二八九》：
「（乾祐三年，即950年）邠、弘肇嘗議事於帝（劉承祐）前，帝曰：『審圖之，勿令人有言！』邠曰：『陛下但禁聲，有臣等在。』帝積不能平，左右因乘間譖之於帝雲：『邠等專恣，終當為亂。』帝信之……遂與業、文進、匡讚、允明謀誅邠等……」

他一下子就**把**輔佐**大臣們全給砍了**……

《資治通鑑・卷二八九》：
「（乾祐三年，即950年）邠等入朝，有甲士數十自廣政殿出，殺邠、弘肇、章於東廡下。」
軍事科學院《中國軍事通史》：
「後漢乾祐三年（950年）十一月十三日，漢隱帝殺死大臣史弘肇等人……」

而更糟糕的是，
郭威喵的**全家老小**也被**一起砍了**。

《資治通鑑．卷二八九》：
「（乾祐三年，即950年）業等命劉銖誅郭威、王峻之家，銖極其慘毒，嬰孺無免者。」
軍事科學院《中國軍事通史》：
「（劉承祐）將樞密使楊邠、侍衛親軍都指揮使史弘肇……一舉殺死，並盡誅其族。鄴都留守郭威和監軍王峻兩人留居開封的家屬也全遭殺害。」

這讓在外面**執行公務**的郭威喵一下**傻了**。

范文瀾《中國通史》：
「九五〇年，遼軍橫行河北……朝議任郭威為天雄節度使，出鎮魏州，仍兼樞密使，節制河北諸鎮……」
《舊五代史．卷一一〇》：
「（乾祐三年，即950年）十一月十四日，澶州節度使李洪義……報京師有變……（郭威）初知楊、史諸公被誅，神情惘然，又見移禍及己，伸（申）訴無所……」

滅族之仇**不共戴天**，

再怎麼忠心，
郭威喵也**無法無動於衷**了。

傅樂成《中國通史》：「（劉承佑）於乾祐三年(950)殺史、楊、王三人，並滅其族。這時郭威任鄴都留守，家屬留在京師，也全部被害……威乃決心反叛。」

終於，在**西元950年**，
郭威喵正式出兵**「復仇」**。

白壽彝《中國通史》：「楊邠、郭威、史弘肇都是顧命大臣，受遺詔輔佐隱帝，威望很高，卻無辜遭殺害或將被殺害，引起朝野不滿，當郭威得知消息後，隨即以清君側為名，發兵南下……」

沿途阻擋的**後漢軍**根本**不是**他的**對手**，

白壽彝《中國通史》：「各地紛紛迎降，隱帝（劉承祐）親自督軍阻擊郭威於開封北郊，又為郭威所敗，後漢軍紛紛投降……」

小皇帝也在**混亂中**領了**「便當」**，

《資治通鑑．卷二八九》：
「（乾祐三年，即950年）帝（劉承祐）回蹕，西北至趙村，追兵已至，帝下馬入民家，為亂兵所弒。」
傅樂成《中國通史》：
「他（郭威）留養子榮鎮鄴，自率大軍南下……隱帝親自督軍迎戰，結果失敗，為亂兵所殺。」

僅僅**七天**郭威喵就**攻進**了**首都**。

范文瀾《中國通史》：
「漢隱帝（劉承祐）厭惡諸大臣……殺楊邠、史弘肇、王章，又遣使者到魏州殺郭威。郭威被迫起兵……只走七天，就到開封城外。漢隱帝被部下潰兵殺死。郭威入開封城……」

立國不到四年的**後漢**政權宣布**覆滅**，

翦伯贊《中國史綱要》：
「947年春，劉知遠乘契丹兵馬撤退之時，在太原稱帝。以後遷都開封，是為後漢。」
「950年冬，郭威舉兵南向，攻入開封，推翻了後漢王朝。」

取而代之的則是郭威喵建立的**新政權**，

這就是**「後周」**。

王仲舉《隋唐五代史》：「廣順元年（公元951年）正月，郭威即皇帝位於大梁，國號周，史稱後周。」

郭威喵經歷過**貧苦**，

軍事科學院《中國軍事通史》：

「郭威，邢州堯山（今河北隆堯縣西）人，年幼遷居太原……他出身貧寒，長期寄人籬下，讀過一些書，了解民間疾苦，又熟知晉、漢王朝的種種弊政……」

長大後又經歷了

後梁、後唐、後晉、後漢**四代**的**混亂**。

軍事科學院《中國軍事通史》：

「後梁龍德二年（922年）晉昭義留後李繼韜叛晉王降梁，郭威應募當牙兵……郭威經歷後唐、晉、漢三朝二十餘年的風雨滄桑才登上皇帝的寶座。」

成為皇帝後的他積極**革除**各種**弊政**，

朱紹侯《中國古代史》：

「郭威出身貧寒，稱帝後虛心納諫……並採取措施發展生產、革除弊政，如嚴懲貪官污吏、獎勵生產、廢除苛捐雜稅，特別是廢除了自後梁以來一直存在著的牛租等。」

從而**改善**了**喵民**們的**生活**，

朱紹侯《中國古代史》：「又將原來屬於營田務的官田賜給了現佃者為永業……從而提高了農民的生產積極性，使社會生產得到恢復和發展。」

逐步**消除了中原**地區長期的**動蕩和不安**。

軍事科學院《中國軍事通史》：「周太祖（郭威）稱帝三年，在政治、經濟方面實行一些改革措施，逐步消除了晉、漢以來中原地區長期動蕩不安的政治局面，封建統治比較穩定，群眾賦稅負擔有所減輕……」

後周的建立，

使大唐以來分裂的**局面**開始**轉向統一**，

范文瀾《中國通史》：「繼沙陀人的三個小朝廷（後唐、後晉、後漢）而興起的周朝（後周）……對沙陀人的野蠻性政治，開始進行改革，唐末以來大分裂的局面，開始轉向統一……」

飽受戰亂之苦的中原大地終於看到了**和平**的**曙光**，

沈起煒《五代史話》：
「次年（951年）正月，郭威宣布建立周朝（後周）。從這時候開始，中原的混亂局面才出現了結束的徵象。」

而**深化改革**的任務，
則**留給**了郭威喵的**繼任者**。

陶懋炳《五代史略》：
「後周的改革創於太祖（郭威）而成於……」

他是**誰**呢？

（且聽下回分解。）

編者按

武人當政是五代十國時期的顯著特徵，後梁、後唐、後晉、後漢四朝數代皇帝都是軍閥出身。為了皇位的穩固，他們重用武將、犒賞士兵來籠絡軍心，武人的地位由此拔高。這往往也讓他們忽視文治，輕視士人，實行暴政，以致百姓一直生活在戰火和壓迫之中。郭威既是武夫出身，又是以軍閥的身份奪得皇位，但他卻和前人完全不同。他不僅在從軍時就虛心學習文化，並且留心搜羅有才能的文人。他即位後的種種改革，更使久經混亂的國家局勢迅速穩定，使飽受戰亂之苦的中原百姓看到了生存的希望。同時，自西元923年以來，後唐、後晉、後漢三朝都是由沙陀族人建立，郭威的即位也意味著中原政權再次回到了漢人手中。

參考來源：《舊五代史》、《新五代史》、《資治通鑑》、《冊府元龜》、《二十四史全譯・舊五代史・第二冊》、白壽彝《中國通史》、范文瀾《中國通史》、傅樂成《中國通史》、陶懋炳《五代史略》、朱紹侯《中國古代史》、軍事科學院《中國軍事通史》、黃鳳岐《契丹史研究》、翦伯贊《中國史綱要》、王仲舉《隋唐五代史》、鄭學檬《五代十國史研究》、沈起煒《五代史話》

附錄

【鬼見愁】

據說郭威還沒稱帝前，
鄰居家鬧過鬼。
當時除了郭威沒人敢過去，
而只要他一去，
裡面的鬼就立刻消停了。

【引火燒身】

負責輔佐後漢小皇帝的
大臣們非常囂張，
他們曾在小皇帝面前討論朝政，
卻讓小皇帝閉嘴，
這才引來了殺身之禍。

【幸運體質】

郭威早年參軍時曾跟
大部隊住在一個廟裡，
但到了半夜廟突然塌了。
廟裡面其他人都「掛了」，
只有他毫發無傷。

百群喵檔案

花卷小劇場

《牛肉蓋飯 1》

《牛肉蓋飯 2》

花卷

獅子座

生日：8 月 15 日

身高：179 公分

喜歡的水果：葡萄

害怕的事物：吃辣

（花卷擬人介紹）

花卷的桌面
Hua Juan's Desktop

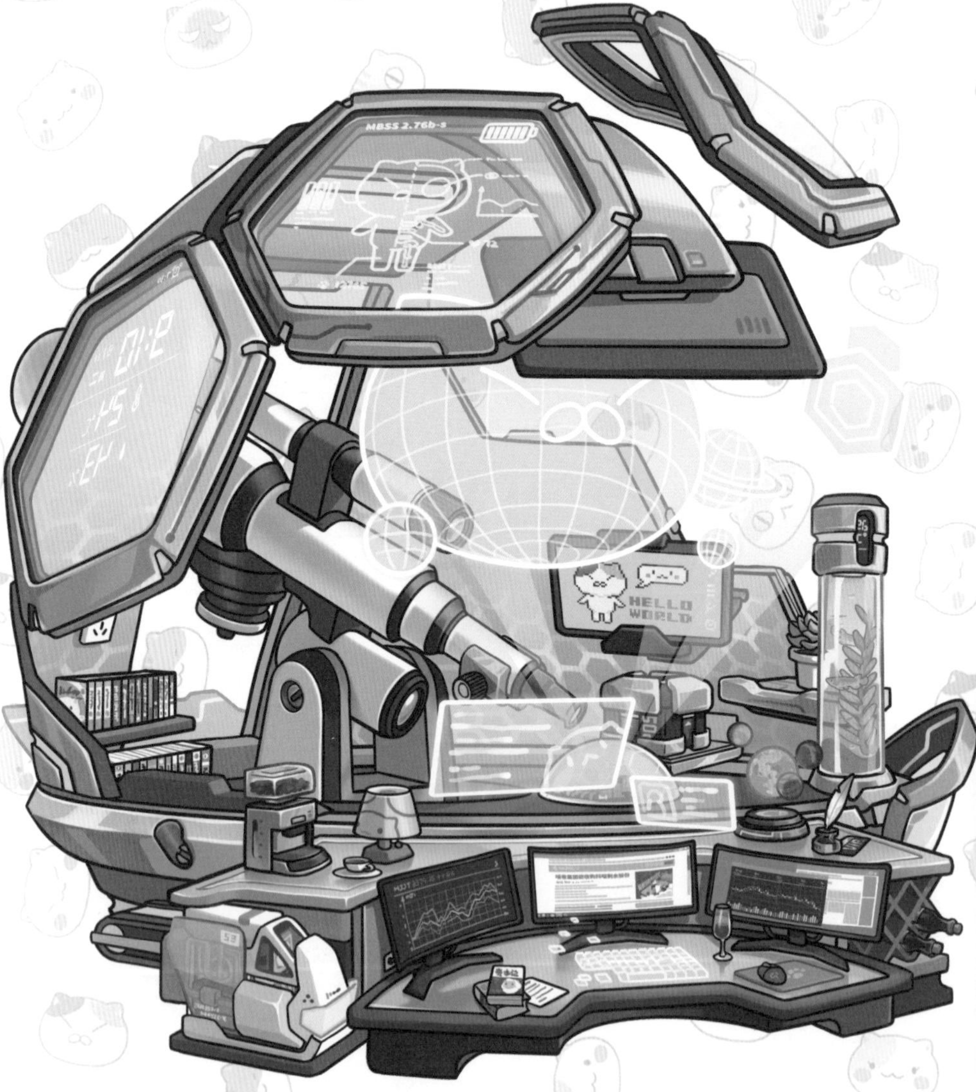

第一百零九回 ◉ 世宗革新

五代十國

是唐朝之後從**分裂**走向統一的**過渡時期**。

朱紹侯《中國古代史》：

「五代十國時期，既是唐朝安史之亂以後藩鎮割據混戰局面的延續和擴大的時期，同時也是中國重新走向統一的過渡時期。」

經歷了後梁、後唐、後晉、後漢四代的更迭，

統一的趨勢已**日漸明顯**。

朱紹侯《中國古代史》：

「各地人民反對分立割據帶來的制度不一、關卡林立……又由於契丹貴族的掠奪，人民要求統一，以便集中力量進行抵禦。到了五代後期，統一的趨勢已日益明顯。」

范文瀾《中國通史》：

「繼沙陀人的三個小朝廷而興起的周朝……對沙陀人的野蠻性政治，開始進行改革，唐末以來大分裂的局面，開始轉向統一……」

到了後周的建立，

領導者郭威喵決心**完成**這一**大業**，

陶懋炳《五代史略》：

「太祖（郭威）以保境息民為主，禁諸軍入遼、南唐境，與諸方通使往來，對北漢則幾次挫敗其進攻，俘得北漢官兵，一概賜與衣物，遣送回歸。這種措施不是屈辱或軟弱的表現，而是積蓄力量、收攬人心，為此後統一活動打下堅實的基礎。」

呃……可惜**沒多久**……

還是**病死了**。

樊樹志《國史概要》：
「951年郭威即帝位，改國號為周。」
白壽彝《中國通史》：
「郭威於顯德元年（954）正月病死，終年51歲。」

他將這未完成的**心願**和**皇位**

託付給了與自己毫無血緣關係的**養子**，

傅樂成《中國通史》：
「廣順四年（954），太祖（郭威）死，養子榮即位……」

這就是**柴榮喵**！

《舊五代史・卷一一四》：
「世宗睿武孝文皇帝，諱榮，太祖之養子，蓋聖穆皇后之姪也。本姓柴氏，父守禮……」

柴榮喵出生在一個**富裕家庭**裡，

陳開樹、王一川《周世宗》：「柴家有祖傳的一些田產，在當地還算得上是富戶。柴榮祖父精明能幹，大家都叫他柴翁。柴翁有子有女，子名守禮。」

嗯……出生時很**普通**，
沒啥奇怪的**異象**……

不過後來因為**戰亂**，
家裡就**破產**了。

陳開樹、王一川《周世宗》：「由於戰亂，柴守禮的邢州莊園也遭到毀壞，家境日益衰敗。」

柴榮喵於是被**寄養**到**姑姑家**裡，

樊樹志《國史概要》：「柴榮，邢州龍岡（今河北邢台）人，隨其姑母柴氏（即郭威之妻）長大於郭威家……」

而他的**姑父**正是後來的**後周皇帝**——郭威喵。

范文瀾《中國通史》：「九五一年，郭威即皇帝位（周太祖），國號周。」陳開樹、王一川《周世宗》：「柴榮自幼就寄養在姑丈郭威的家裡……」

不過**那會兒**的郭威喵還**只是**個**小軍官**，

陳開樹、王一川《周世宗》：「……郭威的家境也較清寒，當時他只是個小軍官。」

家裡**條件**也**一般**……

陶懋炳《五代史略》：「郭威微時，家道貧困……」

李小樹、黃崇岳《周世宗柴榮》：「柴榮在姑母家裡逐漸長大……起初，郭威的家境並不寬裕，為了幫助家庭生活，柴榮經常外出經商。他曾同鄴郡（今河北大名）商人頡跌氏一道，去南方做茶葉生意。」

這時，**年紀輕輕**的柴榮喵卻發揮出了不錯的**經營天分**，

不僅把家裡的**錢**管得**妥妥當當**的，

還能做生意**增加收入**。

《五代史補．卷四》：
「世宗（柴榮）在民間，嘗與鄴中大商頡跌氏，忘其名，往江陵販賣茶貨。」

喂！上周那筆尾款要給沒?!
啊！是不是不想混啦！

這讓郭威喵**非常欣賞**他，

白壽彝《中國通史》：
「當時郭威見柴榮辦事謹慎，為人厚道，就把家裡開支等事交他去管。柴榮悉心經度，曾與一商人一起到江陵（今湖北荊沙）販賣茶貨，使本不寬裕的家用得到周濟，郭威很賞識他……」

繼而收他為**養子**。

《新五代史．卷十二》：
「柴氏女適太祖（郭威），是為聖穆皇后。後兄守禮子榮，幼從姑長太祖家，以謹厚見愛，太祖遂以為子。」

嗯……
以後就叫我爸爸吧。

從那以後，柴榮喵便**一直跟隨**著郭威喵，

郭威喵**帶兵打仗**，

李小樹、黃崇岳《周世宗柴榮》：「後漢乾祐三年（公元950年），郭威任樞密使，鄴都留守（鄴都在今河北大名東北，留守為京城非常設的、陪京和行都常設的最高行政長官）、天雄軍節度使，並受詔總領河北諸州軍政事務……」

柴榮喵**上場動刀子**。

李小樹、黃崇岳《周世宗柴榮》：「……柴榮也被提升為天雄軍牙內都指揮使（地方高級軍事將領），開始擁有部分軍權，協助郭威處理一些軍務，成為郭威的得力助手。」

郭威喵**起兵倒漢**，

翦伯贊《中國史綱要》：「後漢統治集團內部發生矛盾，將相之間相互為仇，皇帝也因將相的事權過高，『厭為大臣所制』……並派人往鄴都（即魏州大名府）去謀害郭威，以致激起郭威叛變。950年冬，郭威舉兵南向，攻入開封，推翻了後漢王朝。」

柴榮喵幫忙**守大本營**。

陳開樹、王一川《周世宗》：「郭威命令柴榮留守鄴城，處理後方的一切軍政事務，自己帶領軍隊進攻開封。第二年初（951年），郭威攻占京城，奪取帝位，建立後周政權。」

連郭威喵**全家被砍了**，

陳開樹、王一川《周世宗》：「後漢王朝內部由於利害衝突，發生劇烈鬥爭，一些分掌軍政大權的高級長官被後漢皇帝劉承祐殺死，郭威的家小住在京城開封，也遭殺害。」

柴榮喵**全家**其實**也沒了**……

《舊五代史．卷一二一》：
「世宗（柴榮）貞惠皇后劉氏，將家女也，幼歸於世宗。漢乾祐中，世宗在西班，後始封彭城縣君。世宗隨太祖在鄴，後留居邸第。漢末李業等作亂，後與貴妃張氏及諸皇族同日遇禍。」

白壽彝《中國通史》：
「郭威在後漢朝廷中任樞密使時，柴榮被任為左監門衛將軍。郭威改任天雄軍節度使鎮守鄴城（今河北大名東北）時，柴榮就任天雄軍牙內都指揮使，並領有貴州（今廣西郁林）刺史、檢校右僕射的頭銜。郭威帶兵去首都開封奪權時，柴榮便留守鄴城，他是郭威最為信任和倚重的心腹。」

可以說，倆喵的**命運**緊緊地**綁在**了**一起**。

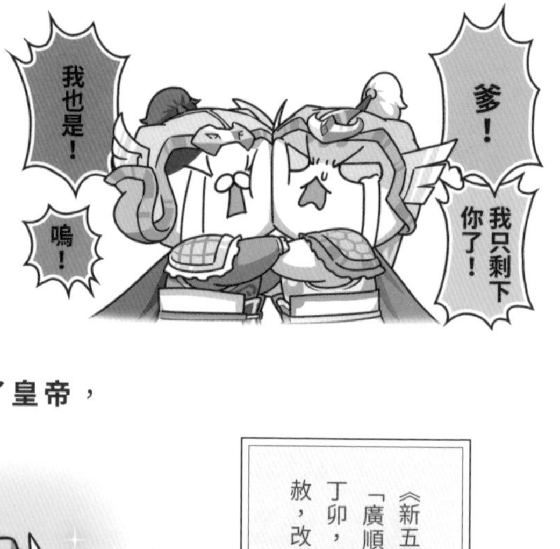

所以到了郭威喵**成了皇帝**，

《新五代史．卷十一》：
「廣順元年（951年）春正月丁卯，皇帝（郭威）即位，大赦，改元，國號周。」

柴榮喵也就**當上了皇子**。

李小樹、黃崇岳《周世宗柴榮》：
「郭威稱帝，柴榮也成了『皇子』。」

可惜……郭威喵沒多久……

卻**病死了**，

軍事科學院《中國軍事通史》：
「顯德元年（954年）正月十七日，後周太祖（郭威）病卒……」

治理國家的**擔子**一下**落到**了柴榮喵**肩上**。

朱紹侯《中國古代史》：
「顯德元年（954年），郭威死，養子郭榮（原姓柴，太祖內姪）繼位，是為周世宗。」

面對當時**天下割據**的混亂局面，

柴榮喵心中同樣有著**統一**的**志願**，

軍事科學院《中國軍事通史》：
「周世宗對全國群雄割據，國家分裂，深為不滿。當高平之戰取勝後，世宗『慨然有削平天下之志』……」
韓國磐《隋唐五代史綱》：
「公元九五四年（顯德元年）初，北漢劉崇……聯合契丹大舉南攻後周，柴榮……在高平大敗劉崇。」

而要統一就**需要強大**的**國家力量**。

為此，他以**富國**和**強兵**為目標繼續**推進改革**，

李小樹、黃崇岳《周世宗柴榮》：
「柴榮即位後……深感經濟尤其是農業經濟的恢復和發展，對統一大業至關重要。」「要在亂世之中統一天下，談何容易！目前後周經濟上國庫空虛，民窮財盡……軍事上將悍兵驕，士氣不振，軍隊多而不精，軍紀鬆弛……柴榮想到，要養百姓、致太平，必先開拓天下，削平割據。為此，必須依靠軍隊。」

首先是**經濟**，

陶懋炳《五代史略》：
「後漢朝四年之中，兩河瘡痍未復，而關中又經兵燹，破壞嚴重……中原凋殘至此，當務之急自然是要安定人民，恢復生產，否則，後周自身難保，遑言統一。」

從唐末割據開始，
喵民們不是在**打仗**，就是**被抓去打仗**。

韓國磐《隋唐五代史綱》：
「五代十國的經濟情況，大體說來，中國北方不僅由於唐末方鎮的連兵不息，五代時依然是兵連禍結……由於方鎮軍閥互爭地盤，搶奪政權，就必須保持數量龐大的軍隊，作為爭權奪利的武力工具。但兵士的主要來源是農民……」

還有一些就**出家**當了和尚，

李小樹、黃崇岳《周世宗柴榮》：
「唐懿宗佞佛尤甚，以至到了只願唱經，不想理政的程度……延至五代，因戰亂頻繁，許多人為了逃避兵役賦稅，尋求精神寄託，削髮為僧尼，寺院和僧尼惡性膨脹，成為嚴重的社會問題。」

因為這樣**不用幹活**也**有飯吃**，

李小樹、黃崇岳《周世宗柴榮》：
「後漢乾祐年間（公元948—950年），曾有人作過粗略的估計，當時，僅後漢境內，佛寺精舍每縣不下二十餘處，境內僧尼不下十萬人……所有僧尼都不耕不織，不納稅，不服役，使國家的賦稅和兵源受到嚴重影響……柴榮即位以後，深感佛教的興盛已是後周恢復和發展生產的一大障礙。」

李小樹、黃崇岳《周世宗柴榮》：
「後周顯德元年（公元954年）初柴榮剛即位時，卻是另一種景況。那時，唐末五代的戰亂已經延續了數十年，在封建軍閥們的眼裡，只有皇位……為了皇位，他們把青壯年男子抓去當兵……勞動力減少了，水利失修了，田園荒蕪了。」

這個情況導致**大量**的**耕地荒蕪**。

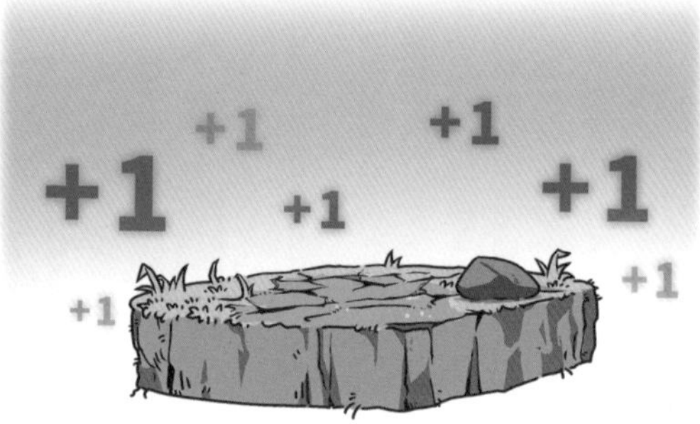

於是乎柴榮喵做了**兩件事**，

一是把軍隊中**老的、病的**士兵送**回家種地**，

不續約了！
回去種地吧！

陳開樹、王一川《周世宗》：「唐末以來，軍閥混戰，干戈擾攘，社會經濟遭到嚴重的破壞，成群的農民被拉去當兵，大批土地荒蕪了。周世宗針對這種情況，即位的第一個月，就下令年老、有病的士兵，情願回家生產的，可以放回……」

還**鼓勵**失去家園的喵去**開墾荒地**；

喂！別閒逛了，來種地吧！
呃？

陳開樹、王一川《周世宗》：「……又命令地方政府妥善地安排各地流民，並把當時荒蕪的土地，分給他們耕種，減免稅收，讓他們安居下來。」

二是**廢除**大量的**佛寺**，
把**僧尼**們趕回去**種地**。

給我種地去！

軍事科學院《中國軍事通史》：「顯德二年（955年），周世宗決定在全國範圍內整頓寺廟……明確規定諸州只能保留朝廷許可的寺院……由於一些僧尼還俗從事農耕，同時還廢除寺廟免除賦稅的特權，從而增加了農村勞動力和國家賦稅收入。」

這樣一來，全國一下子出現了很多**勞動力**，

樊樹志《國史概要》：
「周世宗柴榮首先整頓紀綱……此外，在經濟方面推行了一系列的改革措施。第一，限制佛教勢力……使寺院僧尼還俗成為編戶齊民。第二，獎勵開墾無主荒地……這一政策招徠大批外逃人口，開墾了大片荒地。」

有了生產自然有**稅收**，

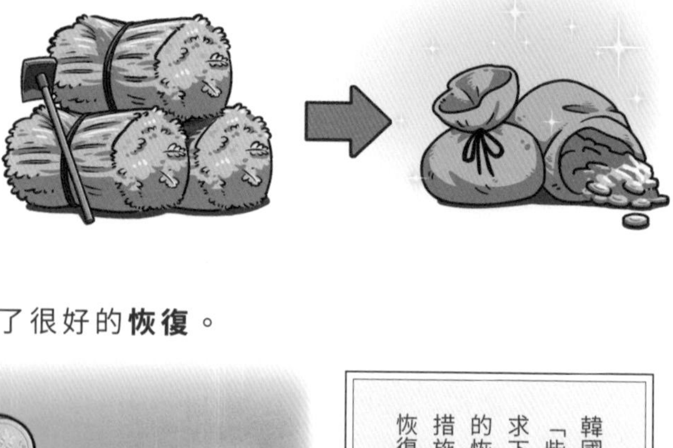

韓國磐《隋唐五代史綱》：
「周世宗柴榮，在太祖郭威改革的基礎上，進一步實行改革……招人承佃逃戶莊田，和招還逃戶回鄉，其本質是增加租稅收入。」

國家**經濟**得到了很好的**恢復**。

韓國磐《隋唐五代史綱》：
「柴榮在順應當時社會發展要求下，繼續郭威進行了一系列的恢復生產，發展地主經濟的措施……對於安定中原社會，恢復中原經濟起了積極作用。」

而**「小錢錢」**有了，

「小拳拳」也得跟上。

五代時期的士兵們**素質**其實並**不高**，

軍事科學院《中國軍事通史》：「從唐後期到五代實行募兵制，全國禁兵、藩鎮兵主要靠召募取得……各級軍將為取得兵士們的支持，往往曲意順從，很少在軍隊中進行認真的揀選淘汰。這樣，五代軍隊中老弱混雜，嚴重影響了軍隊的戰鬥力。」

臨陣逃跑是**常有**的事，

哈哈哈!! 溜囉!!

《資治通鑑·卷二九二》：「初，宿衛之士，累朝相承，務求姑息，不欲簡閱，恐傷人情，由是羸老者居多；但驕蹇不用命，實不可用，每遇大敵，不走即降，其所以失國，亦多由此。帝（柴榮）因高平之戰，始知其弊……」

傅樂成《中國通史》：「五代時期的中央禁軍，可以說是政治上的一個毒瘤……士卒老弱相半，良莠不分，且軍紀敗壞，動輒倒戈，每一朝代的變亂傾覆，大半由他們造成。」

不爽了還會**造反**。

以為你是老大就很厲害嗎?!
啊!啊!!

這對柴榮喵來說，是**必須要搞定**的！

要動手就得**強硬**，
所以柴榮喵上來就先把
之前**不守紀律**的將士們給**砍了**，

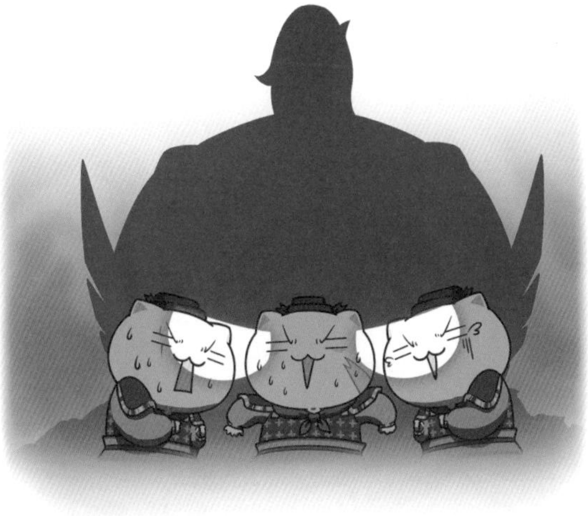

朱紹侯《中國古代史》：
「顯德元年（954年）周世宗即位不久，北漢就勾結契丹，聯兵寇掠……在當年的『高平之戰』中，周世宗親自督戰……戰後又堅決斬殺臨陣逃跑的大將樊愛能、何徽等七十多人，申明了軍紀……」

嚇得大家**規規矩矩**的。

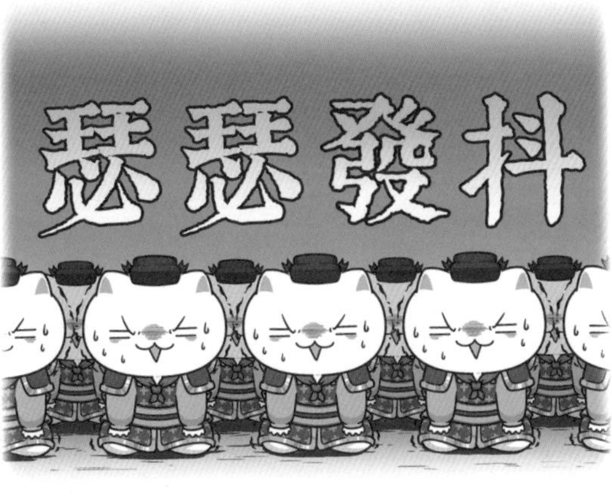

《舊五代史・卷一一四》：
「高平之役，兩軍既成列，賊騎來挑戰，愛能望風而退，何徽以徒兵陣於後，為奔騎所突，即時潰亂，二將南走。帝遣近臣宣諭止遏，莫肯從命……至暮，以官軍克捷，方稍稍而回。帝至潞州，錄其奔遁者，自軍使以上及監押使臣並斬之，由是驕將墮兵，無不知懼。」

接著又將**能力不行**的**炒了**，

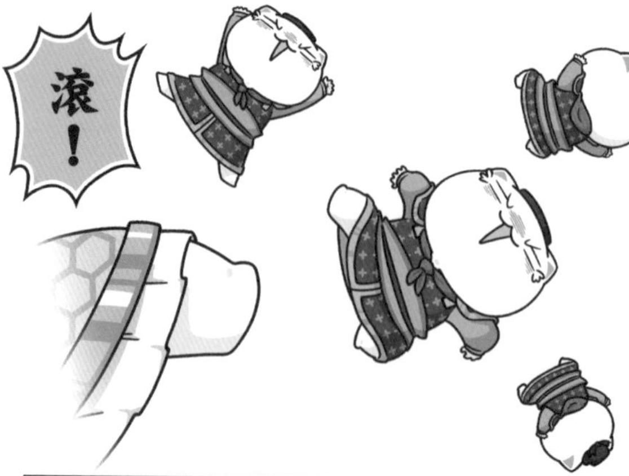

朱紹侯《中國古代史》：
「顯德元年（954年）周世宗即位不久……針對禁軍『羸老者居多』的弊病，提出『凡兵務精不務多』的原則，簡選步、騎諸軍，精銳者升為上軍，羸弱者裁汰……」

再從全國**招了**一些**強壯**的進來。

《五代會要．卷十二》：
「先是，上（柴榮）按於高平，觀其退縮，慨然有懲革之意，又以驍勇之士，多為外諸侯所占，於是召募天下豪傑，不以草澤為阻，進於闕下，躬親試閱，選武藝超絕及有身首者，分署為殿前諸班。」

經過這麼一番整頓，
後周的軍隊**煥發**了**新**的**面貌**，

白壽彝《中國通史》：
「（高平之）戰後，柴榮針對戰場上所暴露的問題指出：『兵在精不在眾……』於是大規模整編禁軍……『復命總戎者，自龍捷、虎捷以降，一一選之，老弱羸小者去之，諸軍士伍，無不精當，由是兵甲之盛，近代無比，且減冗食之費焉。』」

戰鬥力簡直**暴漲**。

韓國磐《隋唐五代史綱》：

「當柴榮抗擊北漢和契丹聯軍的高平之戰時……體會到兵士必須好好加以挑選，用老弱殘兵來充數，就不能好好作戰，於是回到開封後，就進行禁軍的整編工作……周世宗柴榮這次整頓禁軍的工作，意義很大。首先，兵士經過挑選後，編成一支勇猛強壯的禁軍，戰鬥力大為加強。」

平民出身的柴榮喵，

親身**經歷**了**五代**以來的**混亂**，

陳開樹、王一川《周世宗》：

「柴榮就在這戰禍連年，外患重重的環境裡，度過童年和少年……柴榮跑過許多地方，接觸到下層社會，懂得民間的疾苦，受到了很好的鍛鍊。他眼睜睜地看到社會政治腐敗，鄉里惡霸勾結官吏，任意欺壓百姓。」

他的治理對於**恢復**經濟和增強**中原政權**

有著**顯著**的**效果**，

陳開樹、王一川《周世宗》：

「周世宗改革政治、恢復經濟措施的目的在於穩定後周的統治，增強後周的力量，以便統一全國。經過上述的一番整頓和改革，中原社會秩序日益安定，經濟有所發展，後周逐漸轉入『小康』的境地……」

為日後的**統一**大業提供了**基礎**，

陳開樹、王一川《周世宗》：

「……這就為周世宗統一全國提供了物質基礎。」

可以說是五代時期**最**為**傑出**的**政治家**。

朱紹侯《中國古代史》：

「周世宗在郭威改革的基礎上，繼續革新政治，發展經濟，整頓軍隊，著手進行統一戰爭。他是我國歷史上一位很有作為的政治家。」

然而在後周不斷發展的同時，

南方也有個**政權**正在**擴張**。

他是**誰**呢？

（且聽下回分解。）

編者按

後周世宗柴榮的「限佛」是中國歷史上著名的「三武一宗」滅佛活動中的最後一次，實行滅佛的另外三個皇帝分別為北魏太武帝、北周武帝、唐武宗。佛教自西漢末傳入中國，到五代經歷近十個世紀的發展，早已成為了中國文化重要的一部分，所以，當時柴榮推行限佛運動遭受了相當大的阻力。然而，柴榮看到佛教發展的背後是國家的土地和勞動力被佛寺占用，當時的後周要發展，要富國強兵、裕民保境，對於人力和土地資源就有著大量的需求，而限佛能釋放大量的社會財富。於是，柴榮的限佛行動就成了必然的選擇。柴榮的遠見卓識和勵精圖治，使得後周的經濟、軍事、文化都獲得了不俗的發展，也為此後全國走向統一奠定了堅實的基礎。

參考來源：《舊五代史》、《新五代史》、《五代史補》、《五代會要》、《資治通鑑》、陶懋炳《五代史略》、樊樹志《國史概要》、白壽彝《中國通史》、傅樂成《中國通史》、范文瀾《中國通史》、翦伯贊《中國史綱要》、朱紹侯《中國古代史》、韓國磐《隋唐五代史綱》、陳開樹和王一川《周世宗》、軍事科學院《中國軍事通史》、李小樹和黃崇岳《周世宗柴榮》

【說到做到】

柴榮年輕時有一個小夥伴，
他的夢想是當首都稅務局局長。
雖然這只是個玩笑，
但柴榮登基後卻真的幫他實現了。

【帝王之相】

柴榮年輕的時候曾算過一次命，
結果占卜用的草梗
居然能神奇地立在桌子上，
於是算命的人預言他有帝王之命。

【財神皇帝】

因為柴榮會經商，
又是皇帝，
在民間被稱為「財神皇帝」，
後來還經常被百姓
當成財神而供奉起來。

一群喵檔案

瓜子小劇場

《遊輪派對 1》

《遊輪派對 2》

瓜子

金牛座

生日：5月3日

身高：180 公分

喜歡的水果：橘子

害怕的事物：毛毛蟲

（瓜子擬人介紹）

瓜子的桌面
Gua Zi's Desktop

第一百一十回 ◉ 南唐興起

五代十國大約能以**北**、**南**劃分，

軍事科學院《中國軍事通史》：
「五代十國，南北方長期處於對立的狀態。」

五代在**北方**，

軍事科學院《中國軍事通史》：
「在我國北方以開封或洛陽為政治中心的梁、唐、晉、漢、周（史稱後梁、後唐、後晉、後漢、後周）等五代王朝……五代時期各國政權並存與各國內部藩鎮林立，構成了五代十國政治上的顯著特點。」

天下**戰亂不止**，
後梁、後唐、後晉、後漢、後周依次**更迭**。

朱紹侯《中國古代史》：
「唐朝滅亡以後，在中原地區相繼出現了後梁、後唐、後晉、後漢、後周五個朝代，史稱『五代』。」

而十國則基本在**南方**，

韓國磐《隋唐五代史綱》：「十國多在中國南方，只有北漢在北方。這些割據政權，絕大多數是由唐末奪取農民起義果實的節度使發展而來。」

相對而言**戰爭較少**，

軍事科學院《中國軍事通史》：「比較起來，五代北方戰爭多，動亂不止，而南方諸國戰爭少，規模小，社會秩序比較穩定。」

大家想得更多的是**穩固自己**的政權。

軍事科學院《中國軍事通史》：「南方諸國地盤不大，力量有限，無力向外擴張，一般實行保境安民的政策。」

在這樣一個**山頭林立**的局面下，
有一個**喵**完成了自己的**逆襲**。

他就是**徐知誥**ㄍㄠˋ喵！

陶懋炳《五代史略》：
「徐知誥，除州人，本姓李（一說姓潘，見《吳越備史》），少時貧苦……」
《十國春秋．卷十五》：
「烈祖姓李名昪，字正倫，小字彭奴，徐州人也。」

知誥喵本來**姓李**，

出生時天下已經**亂得不行**。

《十國春秋．卷十五》：

「彭奴以唐光啟四年（888年）十二月二日生於彭城。」

范文瀾《中國通史》：

「八八四年，黃巢起義軍失敗以後，唐朝廷已經是這樣的一個朝廷：第一，大小不等的割據者在全國各地進行混戰……唐朝原有的土地，化為割據者的戰場並為割據者所占有……所以，八八四年以後，唐朝只是名義上還存在著的一個小朝廷。」

爹打仗直接就打**失蹤了**……

白壽彝《中國通史》：

「（徐知誥）家世微賤，父李榮在唐末戰亂中不知所終。」

小小年紀就成了**孤兒**。

白壽彝《中國通史》：

「8歲的他成為孤兒，在濠州（今安徽鳳陽）、泗州（今泗縣東南）一帶流浪。」

雖然開局不行，
但**上天對他**還是**可以**的。

在巧合之下，
知誥喵就被**老徐家**給**收養**了。

《新五代史．卷六十二》：
「楊行密攻濠州，得之（徐知誥），奇其狀貌，養以為子。而楊氏諸子不能容，行密以乞徐溫，乃冒姓徐氏，名知誥。」

老徐家可是個**「豪門」**。

當時的南方有**很多**個**小政權**，

軍事科學院《中國軍事通史》：
「朱全忠開平元年（907年）建立梁國前後，南方相繼出現吳……吳越、閩、南漢、楚、荊南、前蜀（前蜀滅亡，孟知祥又建立後蜀）諸國。」

「吳」就是這裡面**最強**的那個，

鄒勁風《南唐國史》：
「楊吳是五代十國前期最重要的政權之一。在唐末的藩鎮混戰中，楊行密崛起於淮南民間，繼而轉戰大江南北，開創楊吳基業。」「楊行密在……統治者中政治、軍事才能最為卓著，這個當時南方最強大的政權的開創與其個人的雄才大略密不可分。」

而老徐家正是「吳」的**權貴**。

鄒勁風《南唐國史》：
「徐溫家族，在楊吳權勢熏天。」

長大後的知誥喵不僅**儀表堂堂**，

靚仔

白壽彝《中國通史》：
「徐知誥成年後，身高七尺，
相貌堂堂……」

對養父還**十分孝順**，

《陸氏南唐書・卷一》：
「溫有疾，（徐知誥）與其婦
晨夜侍旁不去，溫益愛之。行
密亦謂溫曰：『知誥雋傑，諸
將子皆不逮也。』」

爸爸，那個新的模型開賣了，我幫你預訂了哦！
啊！好啊！

因此受到了**重用**。

噢耶

鄒勁風《南唐國史》：
「天祐六年（後梁開平三年，
公元 909 年），徐知誥剛滿 22
歲，徐溫即開始發揮其理政才
能……徐溫任知誥為昇（升）
州防遏使兼樓船副使，前去修
整金陵城並操練水軍。」

靠著出色的**能力**，

知誥喵在**戰場**上能**立功**，

《陸氏南唐書．卷一》：「天祐六年（909）六月，（徐知誥）自元從指揮使遷昇（升）州防遏使兼樓船軍使，治戰艦於昇（升）。七年五月，授昇（升）州副使知州事。九年，副柴再用平宣州，以功遷昇（升）州刺史。」

做地方官則備受**喵民愛戴**，

白壽彝《中國通史》：「當柴再用奉徐溫之命攻打宣州（今屬安徽）李遇時，他（徐知誥）所部立了大功，因此升任為昇（升）州（今南京）刺史。當時江淮初定，地方長官多為武夫出身，只知搜刮民財來供養軍隊。只有徐知誥與眾不同，他勤儉好學，重視儒生，以寬仁為政，因而得到民眾讚譽。」

簡直是**明日之星**。

不過這也讓他開始受到老徐家**猜忌**，

任爽《南唐史》：
「自從李昪任升州刺史、初展政治抱負之後，徐氏家族對他的疑懼日益加深……」

例如老徐家的**大哥**就想**幹掉他**，

任爽《南唐史》：
「……特別是徐知訓，唯恐李昪羽毛豐滿，危及他未來的地位。徐知訓居廣陵輔政之時，幾次打算殺掉李昪。」「徐溫有三位夫人，一共生了六個兒子。長子徐知訓……」

呃不過……搞了三次都**沒殺成**，

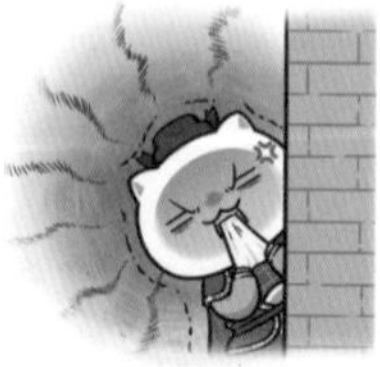

《新五代史．卷六十二》：
「昪（徐知誥）事徐溫甚孝謹，溫嘗罵其諸子不如昪，諸子頗不能容，而知訓尤甚，嘗召昪飲酒，伏劍士欲害之，行酒吏刁彥能覺之，酒至昪，以手爪掐之，昪悟起走，乃免。後昪自潤州入覲，知訓與飲於山光寺，又欲害之，徐知諫以其謀告昪，昪起遁去。知訓以劍授刁彥能，使追殺之，及於中途而還，給以不及，由是得免。」

倒是因為自己**太「跩」**，

以為他是什麼東西！
敢騎我頭上！

陶懋炳《五代史略》：「徐知訓駐廣陵，任淮南行軍副使、內外馬步軍都指揮使、通判軍府事，雖然官位不高，而軍政實權全在其掌握之中。他少年得志，悍愚無知，驕橫貪暴，為所欲為……駐廣陵後，更加荒淫驕奢，往往凌侮諸將，從無約束……」

被手下給**砍了**……

哎呀！

陶懋炳《五代史略》：「朱瑾平日為徐知訓狎侮，早已恨之入骨，至是，設宴盛待知訓，事先在戶內埋伏壯士……殺了徐知訓……」

養父後來也開始**猜忌**知誥喵，

我覺得吧……
得小心他……

任爽《南唐史》：「隨著李昪個人勢力的增強與影響的擴大，徐溫對養子的行動越來越不放心。」

打算**讓**自己的**二兒子替代**他，

喂，兒子啊，我覺得你得動手才行……

《江南別錄》：
「徐玠數勸義祖（徐溫）除烈祖（徐知誥），以次子知詢代之。」
任爽《南唐史》：
「尚書右僕射兼同平章事嚴可求、行軍副使徐玠，屢次向徐溫建議用徐知詢代替李昪……徐知詢也主動向徐溫請求代替李昪輔政，終於促使徐溫下定最後的決心。」

可是剛要動手就**「掛了」**。

爹！爹！你怎麼了？

白壽彝《中國通史》：
「徐溫的行軍司馬徐玠多次勸徐溫以親子取代徐知誥，於是徐溫令次子徐知詢到廣陵，準備謀取政權。恰在這時徐溫病死……」

二兒子雖然**有點勢力**，

可惡！
嘟！

任爽《南唐史》：
「徐溫死後，李昪獨攬朝政大權，徐知詢則繼承了徐溫的官職，拜諸道副都統、鎮海寧國軍節度使兼侍中，坐鎮升州，與李昪抗衡。」

但同樣**不怎麼樣**，

任爽《南唐史》：「徐知詢手握重兵，自以為升州地處揚州，有高屋建瓴之勢，因此並沒有把李昪放在眼裡。不過，徐知詢和他的長兄徐知訓一樣，自信有餘而才氣不足，雖然專橫跋扈，卻不懂得如何掌握局面。」

不論是自己的**親人**還是**部下**，

他**都得罪過**……

《江南別錄》：「知詢暗懦，待諸弟不厚。徐玠知其終敗，輸誠於烈祖（徐知誥）。」

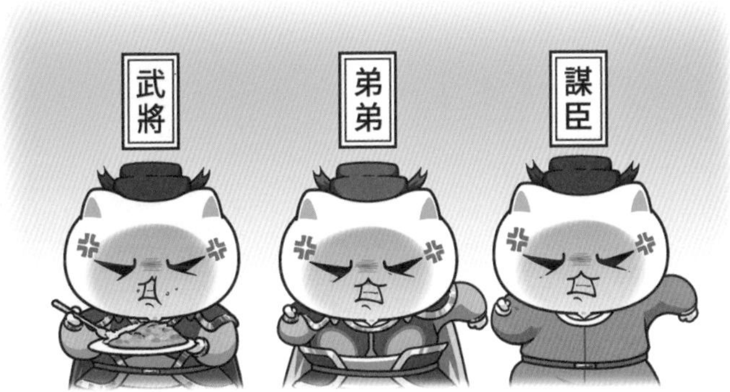

於是乎，大家**全**都掉頭**去**了**知誥喵那邊**，

《江南別錄》：「知詢內為諸弟所構，外為徐玠所賣，而不知也……」

順手還把要對付知誥喵的**計畫**告訴了他。

杜文玉《南唐史略》：
「知詢典客周廷望一面為其出謀劃策，一方面又暗中勾結知誥，將其密謀多通告知誥。」

你說這樣，不**被**知誥喵**搞掉**才有鬼。

杜文玉《南唐史略》：
「吳大和元年（929 年），徐知詢遣人請知誥去金陵赴徐溫之喪，想趁機除去知誥，知誥藉口吳主之命不許，拒絕去金陵。而知誥深知知詢權力欲極盛，投其所好，以吳主的名義，召知詢入朝輔政，知詢信以為真，竟自投羅網，奔赴廣陵，並住在知誥家中，遂被軟禁。」

隨著老徐家的喵一個個**被搞定**，
知誥喵從一個**孤兒**成了新的**權臣**，

杜文玉《南唐史略》：
「然後知誥另派右雄武都指揮使柯厚赴金陵，抽調其軍回廣陵，直接置於自己控制之下。這樣吳國軍政大權就完全歸於知誥……」

吳國的**大權**盡**在他手中**。

《資治通鑑．卷二七六》：
「（929年）十一月，知詢入朝，知誥留知詢為統軍，領鎮海節度使，遣右雄武都指揮使柯厚征金陵兵還江都，知誥自是始專吳政。」

而他的**目標**也逐漸**明朗**，

鄒勁風《南唐國史》：
「徐知誥出身孤苦，最初踏上政壇時所作的種種努力，不過是為爭取一個較好的生存環境。經過與對手的兇險鬥爭，其野心逐漸增長……」

那就是**奪取**吳國的**政權**！

鄒勁風《南唐國史》：
「……當他將對手逐個清除時，已有明確目標，即建立完全屬於自己的政權。」

不過……這時的吳國**老大**其實也**沒啥過錯**。

要**搞掉他**，還是有點**說不過去**的，

杜文玉《南唐史略》：「由於吳主勤謹無大過，驟然禪代，人心不服……」

所以只能**慢慢弄**。

杜文玉《南唐史略》：「……故徐知誥不得不耐住性子，逐步地創造條件，以待時機成熟。」

例如把**重要**的**崗位**全都安排成自己的**心腹**，

白壽彝《中國通史》：
「乾貞元年（後唐天成二年，927）十一月，楊溥僭號稱帝，任徐知誥為太尉、中書令，掌握實權。大和三年（後唐長興二年，931），徐知誥出鎮金陵，沿用當年徐溫的做法，把兒子李景通（璟）留在廣陵任司徒、同平章事……」

例如在**吳王**身邊安排**監視**，

白壽彝《中國通史》：
「……又讓王令謀、宋齊丘分別擔任左、右僕射同平章事，在楊溥身邊安插了一個效忠於他的班子，便於他遙控。」

還不斷**提升**自己的**地位**，

白壽彝《中國通史》：
「次年（933），他（徐知誥）被封為東海郡王。天祚元年（後唐清泰二年，935），晉封為齊王，以昇（升）、宣等 10 州為齊國，進位太尉、錄尚書事，留鎮金陵。」

反正就是想盡辦法把**吳王架空**。

都這樣了，
老吳只能**自己退了**……

鄭學檬《五代十國史研究》：
「公元937年，吳帝楊溥遜位。」

自此，知誥喵**正式上位**，

白壽彝《中國通史》：
「天祚三年（後晉天福二年，937），楊溥遜位，徐知誥正式即帝位……」

後來更將**國號**改為**唐**，

鄭學檬《五代十國史研究》：
「徐知誥即皇帝位於金陵，復姓李，改名昪，國號唐，建元昇元，史稱南唐。」

這就是歷史上的**南唐政權**。

將近**30年**的磨鍊
使知誥喵擁有很豐富的**統治經驗**。

軍事科學院《中國軍事通史》：
「南唐建立後，徐誥（徐知誥稱帝前已更名為『誥』）又改稱李昪。他從天祐六年（後梁開平三年，909年）遷昪（升）州防禦使到吳國天祚三年（後晉天福二年，937年）稱帝，經歷了將近30年的磨鍊，富有統治經驗。」

在他**當皇帝**後，
非常**努力工作**。

《資治通鑑．卷二八二》：
「唐主（徐知誥）勤於聽政，以夜繼晝，還自江都，不復宴樂。」

對內與民休息，

減輕喵民們的**負擔**。

搞啥呀！這樣不合理！減稅減稅！

鄒勁風《南唐國史》：「為發展生產，南唐實行輕徭薄賦、與民休息的政策……李昪當政期間，嚴格控制稅收，以鼓勵人民生產積極性。」

對外則積極與**周邊**政權**搞好關係**，

啊哈哈……交個朋友，有啥能幫忙的別客氣呀！

任爽《南唐史》：「從李昪於吳末執政以來，即休兵罷戰，敦睦鄰國，致力於創造一個和平的環境。」

反正就是盡量**不打仗**。

不！

范文瀾《中國通史》：「吳國自楊行密死後，實際執政的徐溫、徐知誥，都能留意民事，吳國安寧，起著保障長江流域不受北方武夫侵擾的作用。唐烈祖（徐知誥）即位後，尤其堅持保境安民政策，不敢輕易動兵。」

知誥喵的治理，

為喵民們**提供**了更**穩定**的**生活環境**。

好久沒打仗了……
是啊……

鄒勁風《南唐國史》：
「由於李昪堅持其一貫政策，在其當政時，南唐與周邊諸鄰國的關係較為和睦……各國統治者務實地奉行睦鄰政策，使諸國得以在相對制衡中獲得與民休息、發展經濟的良好環境。」

有了這樣的狀況，

南唐在很多方面都有了**長足發展**，

唐

任爽《南唐史》：
「自李昪輔政以來，內謀其家，外謀其國，二十餘年之間，不僅實現了吳唐禪代，而且在各個領域之內除舊布新，使南唐政治清明，經濟繁榮，文化發達，國力強盛，在五代十國時期南北對峙的局面中舉足輕重。」

逐漸成了當時的**經濟文化中心**。

《秋山問道圖》
《江行初雪圖》
景德鎮青白瓷
唐
《陽春集》
《韓熙載夜宴圖》
《勘書圖》

陶懋炳《五代史略》：
「經過幾十年的經營，南唐境內，『內外寢兵，耕織歲滋，文物彬煥，漸有中朝之風。』成為當時中國經濟文化的最先進地區。」

然而在南唐**不斷發展**的時候，

陶懋炳《五代史略》：
「南方諸固地大財阜、兵力強盛，莫如吳與南唐……烈祖（徐知誥）懷有統一大志……」

北邊的**中原**政權也在**不斷擴張**。

韓國磐《隋唐五代史綱》：
「郭威建立後周王朝，在社會發展要求下進行了一些改革後，對中國北方情況的開始轉變起了一定作用。周世宗柴榮以郭威的養子繼位，一繼位後就堅決打退了北漢劉崇和契丹的聯合進攻，隨後繼續進行了一系列的鞏固封建政權的改革。」

南北雙方的**戰爭**即將到來……

（且聽下回分解。）

編者按

由於受到傳統觀念的影響，史書多以中原的五代皇朝為正統，南唐和其他十國一樣，被置於歷史上眾多轉瞬即滅的小國中，不受重視。然而，早在晚唐時期，南唐所在的江淮地區就已經成為唐朝政府的經濟命脈。江淮一帶土地肥沃、氣候宜人，在徐知誥治下更有著穩定的社會環境，因此吸引了大批文人，使南唐在經濟和文化上都取得了長足的發展。這一點與當時北方的經濟衰敗、文化停滯不前形成了鮮明對比。從這時起，中國經濟和文化的重心南移已經初見端倪。所以，當我們回顧這一段歷史，會發現南唐不僅在當時的政治格局中有著相當重要的地位，而且它所展現的一部分社會、經濟及文化風貌已經初步預示了其後中國社會的形態。

徐知誥——豆花（飾）

參考來源：《資治通鑑》、《十國春秋》、《新五代史》、《江南別錄》、《陸氏南唐書》、任爽《南唐史》、杜文玉《南唐史略》、陶懋炳《五代史略》、白壽彝《中國通史》、范文瀾《中國通史》、鄒勁風《南唐國史》、朱紹侯《中國古代史》、鄭學檬《五代十國史研究》、韓國磐《隋唐五代史綱》、軍事科學院《中國軍事通史》

附錄

【嚴格君主】

徐知誥特別討厭後宮干政。
他的一個寵妃因為議論皇子，
被他當場打入冷宮，
後來還被削髮送去出家。

【共享千歲】

徐知誥曾藉口祝弟弟長壽千歲，
想騙弟弟喝下一杯毒酒。
沒想到弟弟卻給他分了半杯，
說願和他共享千歲。

【天選之子】

徐知誥曾三次躲過大哥的暗殺，
前兩次是因為大哥身邊
有人向他告密，
最後一次是因為大哥的殺手不願下手。

百群喵檔案

豆花小劇場

《做夢》

《廢棄工廠》

豆花

天秤座

生日：10 月 16 日

身高：165 公分

喜歡的水果：榴槤

害怕的事物：做選擇題

（豆花擬人介紹）

豆花的桌面
Dou Hua's Desktop

第一百二十一回◉南北一戰

分裂、

陶懋炳《五代史略》：
「五代十國是我國封建社會歷史上割據分裂時期之一。」

入侵、

韓國磐《隋唐五代史綱》：
「五代十國是中國史上一個紛擾割裂的時期……這段時間，人民不但備受封建軍閥殘暴統治的痛苦，而且還受到契丹統治者進擾的禍害。」

飢荒，

《舊五代史．卷三十四》：
「（後唐）同光四年（926年）春正月戊午朔，帝不受朝賀……鎮州上言，平棘等四縣部民，餓死者二千五十人。」
《舊五代史．卷八十一》：
「（後晉）天福八年（943年）春正月辛巳，盜發唐坤陵……時州郡蝗旱，百姓流亡，餓死者千萬計。」

五代的混亂給華夏喵民們帶來了巨大的**苦難**。

朱紹侯《中國古代史》：
「五代十國的黑暗統治，給人民群眾帶來了無窮無盡的災難。」

在這樣的混沌下，
只有統一才是**拯救蒼生**唯一的辦法。

朱紹侯《中國古代史》：
「五代十國時期……各地人民反對分立割據帶來的制度不一、關卡林立、禁令繁多、商稅苛重等種種災難；又由於契丹貴族的掠奪，人民要求統一。」

作為五代時期最強的中原皇朝，
後周逐漸**具備**了這個**實力**。

軍事科學院《中國軍事通史》：
「周世宗通過政治、經濟、軍事等改革措施，國家實力大大增強，為統一全國的戰爭作了大量的準備工作。」

後周皇帝柴榮喵更是擁有著強烈的**統一信念**，

陳開樹、王一川《周世宗》：
「周世宗立志要統一中國。」
范文瀾《中國通史》：
「九五四年，周太祖死，義子郭
榮（本姓柴）繼位（周世宗）。」

然而要統一還是**得有規劃**的。

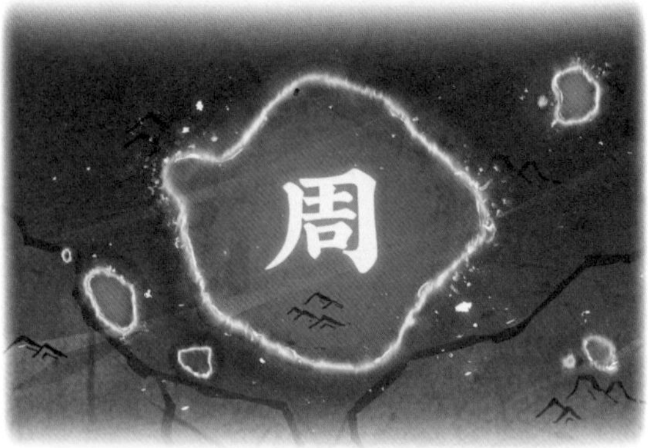

當時的後周其實處在**各種勢力**的**中間**，

軍事科學院《中國軍事通史》：
「當時，全國分裂為後周、遼
國、北漢、後蜀、荊南、南唐、
吳越、南漢等國。閩、楚兩國雖
被南唐滅亡，但不久又為當地封
建軍閥所占據。後周實際上處在
遼、北漢、後蜀、南唐等國的包
圍之中。」

北邊有**遼**帝國，
南邊有諸多**割據**政權。

杜文玉《南唐史略》：
「周世宗的戰略重點在北面，以遼朝為主要對手。」
白壽彝《中國通史》：
「十國中北漢在北方，其餘都在南方……」

《遼史・卷六》：
「穆宗孝安敬正皇帝，諱璟，小字述律。太宗皇帝長子……天祿五年（951年）九月癸亥，世宗遇害。逆臣察割等伏誅。丁卯，即皇帝位……」
《遼史・卷七》：
「穆宗在位……諭臣下濫刑切諫，非不明也。而荒耽於酒，畋獵無厭。」

不過此時的**遼皇帝**是個**昏君**，

經常通宵**喝酒玩樂**，

陳開樹、王一川《周世宗》：
「當時的契丹皇帝耶律述律是個昏庸的國君。他不理政事，整天獵虎捉豹，飲酒作樂。晚上忙於嬉戲，白天呼呼大睡。」

白天就**睡覺**，

《新五代史・卷七十三》：
「述律（遼穆宗）立，改元應歷，號天順皇帝……然畋獵好飲酒，不恤國事，每酣飲，自夜至旦，晝則常睡……」

外號**「睡王」**。

《資治通鑑・卷二九〇》：
「契丹主（遼穆宗）年少，好遊戲，不親國事，每夜酣飲，達旦乃寐，日中方起，國人謂之睡王。」

因為他的放浪，
使強大的遼皇朝**不斷變弱**，

這對於柴榮喵來說，
是個**收服北方失地**的好機會。

韓國磐《隋唐五代史綱》：
「德光子穆宗述律繼立。述律喜畋獵，好飲酒，不恤國事，『每酣飲自夜達旦，晝則常睡，國人謂之睡王』……這時契丹比較衰落，是後周收復燕、雲等地的好機會。」

呃……不過……
要北擊遼國還得**解決**一個**問題**，

沒錯，這就是**南方**的**割據勢力**。

軍事科學院《中國軍事通史》：
「周世宗全面分析國內外的複雜形勢……分清主次，制定出符合客觀實際的統一全國的用兵方略……周世宗統一全國的戰略決策是先南後北。」

在這些**獨立政權**中，
南唐的實力**最為強大**。

軍事科學院《中國軍事通史》：
「南唐是南方諸國中最強大的國家，占地三十餘州，經濟發達，人口較多，具有抗擊後周進犯的相當實力。」

經過了十多年的發展，
南唐在**經濟文化**上都有不錯的**積累**。

陶懋炳《五代史略》：
「經過幾十年的經營，南唐境內，『內外寢兵，耕織歲滋，文物彬煥，漸有中朝之風。』成為當時中國經濟文化的最先進地區。」

而它目前的**領導者**正是第二代皇帝——
李璟喵。

陶懋炳《五代史略》：
「九四三年（南唐保大元年），烈祖死，長子景通繼位，改名璟，是為南唐元宗（又稱中主）……」

李璟喵是個**帥哥**，

《馬氏南唐書·卷二》：
「嗣主諱璟，字伯玉，初名景通，烈祖（徐知誥）元子也。美容止，器宇高邁，性寬仁，有文學。」

會玩**音樂**會**寫詩**，

《馬氏南唐書·卷二》：
「……甫十歲，吟《新竹詩》云：『棲鳳枝梢猶軟弱，化龍形狀已依稀』，人皆奇之。」
《江表志·卷中》：
「元宗名璟，父烈祖，母曰宋太后。璟謙和明睿……又善曉音律……」

呃……但卻是個**「敗家仔」**。

南唐能發展的重要原因，
主要就是初代皇帝**盡量不打仗**
積累下來的。

鄒勁風《南唐國史》：「李璟繼位之初，是南唐國力最強盛的時期。經過李昪當政十餘年的經營，南唐生產發展，社會安定，民心歸附。對外則結交鄰邦，干戈不興，國內財富積聚起來。」任爽《南唐史》：「李昪在位期間，休兵息民，輯睦鄰邦，積儲軍資，訓練兵旅，即使有機可乘，也不肯在南方用兵。及其臨終，特別囑咐李璟：『汝守成業，宜善交鄰國以保社稷。』」

然而作為二代皇帝，
李璟喵卻**忘了**這回事。

杜文玉《南唐史略》：「南唐元宗一反烈祖『保境息民』的政策，趁閩中大亂，出兵攻閩。」

在**臣子**們的**鼓動**下，
他開始**盲目擴張**，

杜文玉《南唐史略》：「元宗（李璟）踐祚之後，不用宿臣舊將，而信任馮延巳、馮延魯、魏岑、陳覺、查文徽等人，言聽計從，在他們的攛掇下，改變了烈祖的成策，用兵於閩、楚。」

依靠著老爹留下來的**家底**，

李璟喵**取得**了一些**勝利**。

白壽彝《中國通史》：

「昇元七年（943）李璟繼位……次年，乘閩國內亂發兵攻之，至保大三年（後晉開運二年，945）八月攻占建州（今福建建甌），閩主王廷政出降，閩亡。南唐於是占有了原屬閩國的大部分地區。保大九年，又乘楚國馬氏兄弟內訌，派兵攻破潭州（今湖南長沙），盡遷馬氏之族於金陵，滅了馬氏楚政權。」

但**錯誤**的**戰爭**無疑是在**削弱**南唐的**實力**，

韓國磐《隋唐五代史綱》：

「南唐既喪師於閩、楚後，力量衰耗。」

這簡直是**要命**的。

陳開樹、王一川《周世宗》：

「到柴榮即位時，南唐政事混亂，已經無法收拾……政治上、經濟上和軍事上的種種弊政，使南唐日趨衰敗，給後周軍的南伐造成了有利時機。」

因為很快他便要碰到一個**「麻煩」**，

這就是打算**南下**的**後周**。

軍事科學院《中國軍事通史》：「南唐元宗（李璟）迫於連年出師無功，勞民傷財，決定休兵息民……不過為時已晚，南唐已面臨後周軍隊自中原南下步步進逼的嚴重危機。」

作為戰場「老鳥」，
後周的柴榮喵上來就**瘋狂進攻**，

李小樹、黃崇岳《周世宗柴榮》：「顯德二年（公元 955 年）冬，柴榮下達詔令：以宰相李谷為淮南道前軍行營都部署（前軍總指揮官）……帶領大軍征伐南唐。」「李谷已率後周軍在正陽（今安徽壽縣西南正陽關）搭浮橋渡過淮河，直驅南唐北邊重鎮壽州。接著，後周軍在壽州城下及附近山口鎮、上窯等地連連擊敗南唐軍。」

南唐軍被幹得**節節敗退**。

啊！

李小樹、黃崇岳《周世宗柴榮》：「後周軍在壽州之外開闢的新戰場上節節取勝，勢如破竹，南唐軍接連不斷地損兵折將，丟城失地，使李璟坐立不安。」

李璟喵**求和**了**三次**，

大哥別打了！握個手吧！

軍事科學院《中國軍事通史》：「顯德三年（956年）二月，南唐元宗（李璟）……請求後周休戰罷兵……周世宗不予理睬……南唐又派翰林學士鍾謨、文理院學士李德明向周世宗奉表稱臣……」「（956年）三月……南唐元宗深感事態嚴重，第三次派遣右僕射孫晟、禮部尚書王崇質向後周求和。」

還是**被打**。

握個啥啊！就這點誠意！想得美！

李小樹、黃崇岳《周世宗柴榮》：「但是，就在（956年）三月初三、初四兩天。後周軍又連下南唐光、舒州（今安徽潛山）蘄州（今湖北蘄春）等地，各地捷報頻傳。形勢對後周非常有利。柴榮認為，淮南諸州已取一半，盡得江北之地，指日可待，數月之功豈能半途而廢。於是，對南唐求和不予理睬，下令奪取其餘諸州。」

不過呢，面對有**淮河優勢**的南唐，
柴榮喵還是只能暫時**收兵**回家。

軍事科學院《中國軍事通史》：

「南唐占有長江中下遊大片地區，具有相當的經濟實力和軍事力量，特別是南唐的水軍使後周在作戰初期難以匹敵。」

「後周攻略江北諸州，捷報頻傳，但自顯德三年（南唐保大十四年，956年）正月至四月長期圍攻壽州卻沒有進展……（956年5月）七日，世宗留侍衛親軍都指揮使李重進繼續圍攻壽州，自己從渦口北歸，二十四日回到大梁。」

他要**幹啥**呢？

他打算**練**一支**水軍**，

陳開樹、王一川《周世宗》：

「周世宗自壽州返回之日起，便集中力量建造數百艘兵船，組織並訓練了一支強大的水軍。」

還抓了南唐**水軍俘虜**當**教練**，

唔！
唔！
唔！
老師

李小樹、黃崇岳《周世宗柴榮》：
「柴榮下令在開封西面汴水側造戰船數百艘，以投降後周的南唐水兵為教練，教後周軍練習水戰，為繼續南伐作準備。」

然後又宣布**免除**占領區喵民們的各種**雜稅**。

陳開樹、王一川《周世宗》：
「周世宗接受了一征南唐的經驗教訓：要保證對南唐戰爭的勝利，必須得到新占領地區人民的支持……因而在出發時，後周就宣布免去攻占地區的一切苛捐雜稅。」

對面的喵民，只要被我們占領，雜稅免除!!

這樣一來，後周軍隊不僅能**水陸作戰**，

《舊五代史．卷一一七》：「初，帝（柴榮）之渡淮也，比無水戰之備，每遇賊之戰棹，無如之何，敵人亦以此自恃，有輕我之意。帝即於京師大集工徒，修成樓艦，逾歲得數百艘，兼得江、淮舟船，遂令所獲南軍教北人習水戰出沒之勢，未幾，舟師大備。至是水陸皆捷，故江南大震。」

還**收攏**了南唐的**民心**。

李小樹、黃崇岳《周世宗柴榮》：「（956年）六月中旬，柴榮頒布詔令：後周軍所在諸州，原南唐政府加給百姓的苛捐雜稅、額外徭役等，一概取消……揚州百姓非常高興，背著乾糧送給後周軍士……民心又開始轉向後周軍了。」

到**第二次**作戰時，

後周照樣打得南唐**丟盔棄甲**。

陳開樹、王一川《周世宗》：「周世宗聽取李穀的勸告，於公元957年二月，再次親征南唐。」「（957年）三月，周世宗全副武裝，親自參加壽州的攻城戰役。士兵看到皇帝勇敢作戰，士氣大振，打敗南唐援軍……南唐元帥李景達被打得大敗，狼狽地逃回金陵。」

第三次更是打到了南唐的**家門口**，

陳開樹、王一川《周世宗》：「同年（957年）十月，周世宗第三次親征南唐……在楚州西北全殲南唐在淮河上的水軍，占領了濠、楚兩州。」「至此，後周軍隊抵達長江岸邊，直接威脅南唐的都城金陵。」

沒辦法，李璟喵只能趕緊**投降**了，

陶懋炳《五代史略》：「九五八年（顯德五年），南唐屢敗，中主李璟困蹙，遣使乞和，以江北盧、舒、蘄、黃四州獻，世宗許和。」

並且**割**了一大片**土地**給後周。

陶懋炳《五代史略》：

「……於是，江淮之間的光、黃、蘄、舒、壽、廬、滁、和、濠、泗、楚、海、揚、泰十四州、六十四縣，二十二萬六千五百七十四戶，皆入後周。」

歷時兩年多的南北對抗，
最終以**後周**的**勝利**結束。

軍事科學院《中國軍事通史》：

「後周對南唐作戰，自顯德二年（南唐保大十三年，955年）十二月開始，到五年（南唐中興元年，958年）三月結束，歷經兩年四個月，奪取了南唐江北十四州、六十縣，實現了預定的戰略目標。」

在南征的過程中，
柴榮喵始終**沒有**對南方政權**趕盡殺絕**，

軍事科學院《中國軍事通史》：

「後周出兵南唐，一再聲明只占領江北十四州，兩國以長江為界，希望南唐帝李璟照舊統治長江以南各州縣。周世宗更未乘勝出兵荊南、吳越、南漢等國，而是與這些國家繼續友好交往。」

只是**占領**了**富庶**的**地區**。

朱紹侯《中國古代史》：「後周得到了富庶的淮南，大大增強了經濟實力。」

這一方面是使後周**獲得**了更多的**物資**和**兵源**，

軍事科學院《中國軍事通史》：「（柴榮）又從經濟富庶的江北十四州取得大量人力物力補充後周的軍事力量。」

韓國磐《隋唐五代史綱》：「這次取得了淮南十四州的土地人民，這裡是農業生產發達的地方，更出產大量淮鹽，且又得到南唐犒軍、進貢等大量財物，因而就更充實了後周的經濟力量。」

另一方面則是**震懾**了**南方各政權**，
使其不敢與中原皇朝為敵，

韓國磐《隋唐五代史綱》：
「柴榮攻取淮南十四州的意義很大，一則使周圍的割據政權，不敢輕易勾結中原王朝境內的節度使，來反抗中原王朝朝廷……這次的勝利，大大提高了中原王朝的聲威，鞏固了中原王朝的統治。」

後周局勢上的**枷鎖**自此**解除**。

陳開樹、王一川《周世宗》：
「周世宗三征南唐，取得江北十四州土地，提高了國家的威信，消除了後方的威脅。」

而作為後周領導者，
柴榮喵也**威名遠播**，

大大地**威懾**了遼國統治下的**河北諸縣**。

軍事科學院《中國軍事通史》：「周世宗即位後，戰高平，討西蜀，取淮南，軍威雄盛，遠近聞名，對契丹所統治的河北沿邊州縣產生了巨大的威懾作用。」

趁著這份氣勢，
柴榮喵正式**北伐遼國**。

陳開樹、王一川《周世宗》：「周世宗在南唐臣服後，便把戰爭的矛頭指向契丹。」
軍事科學院《中國軍事通史》：「顯德六年（959年）三月十九日，世宗詔令北征，收復被契丹占領的失地。」

強盛的軍威使後周軍**銳不可當**，

北伐僅僅四十二天便**奪回十七個縣**。

陳開樹、王一川《周世宗》：
「周世宗抓住有利的戰機，在公元959年（顯德六年）三月，親率大軍北伐……在短短的四十二天內，收復三關，計得三州十七縣。」

這是五代以來，
中原對遼作戰取得的**最大勝利**。

白壽彝《中國通史》：
「顯德六年（959）三月，柴榮再次北伐……到五月就先後收復瀛（今河間）、莫（今任丘北）、易（今易縣）三州和益津（今文安縣境）、瓦橋（今雄縣境）、淤口（今霸縣境）三關，共計十七縣之地，為五代以來對遼作戰所取得的最大勝利。」

然而就在後周北伐一路順利之時，
柴榮喵卻**突然病倒**。

白壽彝《中國通史》：
「正當柴榮大會諸將，議取幽州（今北京）之時，突然患病……」

那麼後周**是否**還能取得**統一**的勝利呢？

（且聽下回分解。）

編者按

五代十國是一個武夫當道的時代，統治者忙於奪權篡位、武力征伐，卻對如何結束百姓的困難無動於衷，或是沒有任何辦法。柴榮的出現，彷彿一顆明星，他立下致天下太平的宏願，就一步步朝著目標努力。文能大舉改革，復興經濟，提高軍力，修正刑法，使五代以來中原飽經戰亂的混亂局面得以煥新；武能親身上陣，取秦隴，平淮南，復三關，他在北伐中取得的成就，是五代以來中原皇朝對遼作戰取得的最大功績。盡管後世對他的「滅佛」、嚴刑等手段褒貶不一，但不可否認的是，柴榮在位期間的文治武功，已經為此後結束割據、開創新局面奠定了基礎。正因如此，《舊五代史》才評價柴榮「神武雄略，乃一代之英主也」。

參考來源：《遼史》、《江表志》、《資治通鑑》、《舊五代史》、《新五代史》、《馬氏南唐書》、任爽《南唐史》、陶懋炳《五代史略》、杜文玉《南唐史略》、鄒勁風《南唐國史》、白壽彝《中國通史》、傅樂成《中國通史》、范文瀾《中國通史》、朱紹侯《中國古代史》、韓國磐《隋唐五代史綱》、陳開樹和王一川《周世宗》、軍事科學院《中國軍事通史》、李小樹和黃崇岳《周世宗柴榮》

附錄

【保命要緊】

李璟最後被柴榮打到沒辦法了，
為了保住榮華富貴，
甘願自己削去帝號，
向後周稱臣保命。

【駱駝奇兵】

柴榮在攻打南唐時，
打造過一支駱駝部隊，
士兵們騎著駱駝過河，
以克服部隊不擅長水戰的弱點。

【病龍台】

柴榮在北伐時曾登上
一個叫「病龍台」的地方，
神奇的是他登台的當晚就開始生病，
北伐只能緊急喊停。

百群喵檔案

湯圓小劇場

《美瞳》

《面膜》

湯圓
水瓶座
生日：2月14日
身高：168 公分
喜歡的水果：蘋果
害怕的事物：量體重
（湯圓擬人介紹）

湯圓的桌面
Tang Yuan's Desktop

第一百一十二回◉陳橋兵變

在**柴榮喵**的帶領下，

後周**趁勢**開始了**統一**天下的行動。

軍事科學院《中國軍事通史》：「後周是五代最後一個王朝……後周的第二任皇帝周世宗柴榮，則是中國封建帝王中頗有作為的帝王之一。他在5年零6個月（954—959年）的執政時間內，一方面對政治、經濟和軍事進行改革和整頓，另一方面又三面出師，積極進行統一戰爭。」

可**當**一切都很**順利時**……

傅樂成《中國通史》：「世宗既服南唐，繼而北向伐遼……距離出師不過四十二天。關南之地既定，世宗與諸將議取幽州。」

柴榮喵卻……**病死了**。

傅樂成《中國通史》：「正當出師之際，他突染重病，因此不得不停止前進，但周軍的前部已攻拔易州（今河北易縣，晉出帝開運二年失於契丹）。世宗下令班師。他返回開封後，立即死去，享年僅三十九歲。」

為了延續後周的統治，
柴榮喵為繼任者精心**挑選**了輔助的**大臣**，

軍事科學院《中國軍事通史》：
「柴榮回到汴梁，預感到將不久於人世。為確保死後帝位不被他人篡奪，便緊張地安排了後事……經過調整的班底，是以王溥、范質、魏仁浦為骨幹，掌管樞密使，又混合文武大臣在政事堂，使之同掌國政。」

而在**這之中**，
有一個喵開始**登上**歷史**舞台**。

軍事科學院《中國軍事通史》：
「柴榮原以為有了這樣一個既可靠又權力互相制約的領導集團，帝位可保無虞。但事實則與其願望相反，在其去世不久，郭氏王朝就被趙氏所取代了。」

他，就是後周大將——**趙匡胤**ㄧㄣˋ喵。

軍事科學院《中國軍事通史》：
「趙匡胤，後唐天成二年（927年）出生於洛陽……世宗因病回師後他又被擢升為殿前禁軍的最高首領——殿前都點檢。」

匡胤喵的老爹是**當兵的**，

張豈之《中國歷史．隋唐遼宋金卷》：「趙匡胤，涿州人，後周岳州防禦使趙弘殷之子。」

從五代的**後梁朝**當到五代的**後周朝**，

顧宏義《細說宋太祖》：「趙弘殷生年不詳，少年時就以驍勇知名，善於騎射，在後梁（907—923年）後期從軍，為河北藩鎮趙王王鎔的帳下親吏。」「廣順末年（953年），趙弘殷改任鐵騎第一軍都指揮使。顯德元年（954年）三月，升任龍捷右廂都指揮使……次年，他隨後周世宗柴榮南征南唐的淮南地區。」

所以匡胤喵就是出生在這麼一個**軍官家庭**裡。

陳振《宋史》：「趙匡胤，祖籍涿郡（今河北涿州）。父親趙弘殷，後梁時任成德軍（治鎮州，今河北正定）節度使王鎔的部將……後唐建立，任禁軍將領，遷居首都洛陽（今河南洛陽）。天成二年（927年），趙匡胤生於洛陽。」

據說匡胤喵**出生時**，
跟一團火一樣**充滿紅光**，

郭建勳《宋太祖趙匡胤》：
「相傳趙匡胤出生之時，赤光繞室。」

全身還冒著**香氣**，

《宋史·卷一》：
「後唐天成二年，（趙匡胤）生於洛陽夾馬營，赤光繞室，異香經宿不散。體有金色……」

小名就叫**「香孩兒」**。

顧宏義《細說宋太祖》：
「趙匡胤出生的那天夜裡，赤光滿室，遠處望去疑是失火……異香經宿不散，所以趙匡胤的小名就叫香孩兒。」

少年時期的匡胤喵**學習興趣一般**，

> 顧宏義《細說宋太祖》：
> 「趙匡胤同其他出身軍門的孩子一樣厭文好武。」

格鬥天賦卻是**滿級**的……

> 顧宏義《細說宋太祖》：
> 「趙匡胤對於騎馬射箭、槍棍刀劍之類，一學就會，技藝必定出於人之上。」

但他**不止**喜歡**舞刀弄槍**，

其實更喜歡**當領導人**。

顧宏義《細說宋太祖》：
「平時在街道上做遊戲，趙匡胤好指揮眾小孩排布軍陣，『行伍肅然』，觀看的大人對此感到十分驚異。」

長大後的匡胤喵**氣度非凡**，

《宋史．卷一》：
「（趙匡胤）既長，容貌雄偉，器度豁如，識者知其非常人。」

他決定出去**闖闖世界**！

顧宏義《細說宋太祖》：
「947年春節，遼太宗進入汴京皇宮……後晉河東節度使劉知遠乘機稱帝（即後漢高祖）。」「大約是在這年的夏天，二十一歲的趙匡胤離家別妻，投身江湖……」

可惜闖了快**一年**，
卻啥事也**沒幹成**……

顧宏義《細說宋太祖》：
「……但是殘酷的現實卻與良好的願望相距甚遠。在此後一年有半的時光裡，四海為家、浪跡江湖的趙匡胤並沒有找到他所渴望的機遇，一無所得。」

沒辦法……
只能跟老爹一樣，入伍**當兵**了。

白壽彝《中國通史》：
「後漢乾祐元年（948年），樞密使郭威討伐李守貞，時年22歲的趙匡胤應募投郭威帳下從軍。」

而也正是從這裡開始，
他的境遇迎來了**轉折點**。

顧宏義《細說宋太祖》：
「與周世宗柴榮的風雲際會，可說是趙匡胤人生發展的最大轉折點。」「後漢乾祐三年（950年），郭威為樞密使、鄴都留守、天雄軍節度使，節制河北諸州軍州事。柴榮也提升為天雄軍牙內都指揮使，來到鄴都協助郭威處理一些軍務，成為郭威的得力助手。作為郭威帳下親兵的趙匡胤，大概就在此時與柴榮相識，並得到柴榮的賞識。」

因為他**認識**了**未來**的後周**皇帝**，

這就是**柴榮喵**。

白壽彝《中國通史》：「顯德元年（954）……柴榮即帝位，是為世宗。」

憑藉著出色的**才能**，

匡胤喵成為了柴榮喵的**貼身侍衛**，

顧宏義《細說宋太祖》：「剛接任開封尹的柴榮頗感身邊缺少得力幹才……將趙匡胤留了下來，擔任開封府馬直軍使。馬直軍使只是開封府屬騎兵的指揮官，雖然官職不高，但由於是在柴榮身邊當差，得到了皇子的信任。」

等到後周建立後，

更是**跟隨**著柴榮喵**南征北戰**。

軍事科學院《中國軍事通史》：

「趙匡胤青年時期曾在後周太祖郭威手下當過東西班行首、滑州副指揮之類的小武官。後周世宗即位後，他跟隨世宗南征北伐，立過戰功，因而在禁軍中的地位不斷提高。」

前有力挽狂瀾**逼退遼軍**，

范文瀾《中國通史》：

「九五四年，周世宗剛即帝位，北漢主劉崇勾結遼國，大舉入侵。」「……周軍屯澤州（山西晉城縣）東北。北漢主率中軍在巴公原列陣……親軍將趙匡胤與大將張永德各率二千人力戰，擊敗北漢軍……遼軍怕周軍，不敢救北漢軍，退回代州。」

後有把**南唐**打得**割地求和**，

陳振《宋史》：

「顯德四年（957年）九月，後周世宗再次出兵南唐的淮南，趙匡胤率軍攻占濠州（今安徽鳳陽東北）、泗州（今江蘇盱眙北）……次年初，趙匡胤率軍攻占楚州北城。在後周世宗率軍南下揚州時，趙匡胤軍又大敗南唐水軍於瓜步（今江蘇揚州西南）。南唐被迫臣服，去帝號改稱國主，將淮南地區割給後周……在此次淮南戰役中，趙匡胤軍戰功第一。」

反正就是**超能打**。

而在柴榮喵的支持下，
他的**地位**也不斷**飆升**。

白壽彝《中國通史》：

「顯德元年（954）正月，柴榮即帝位，是為後周世宗……趙匡胤的勇敢與軍事才能受到世宗的賞識，回京後升任殿前都虞候……顯德三年（956）春，趙匡胤隨世宗攻南唐……十月，趙匡胤升任殿前都指揮使、領匡（宋避諱改定）國軍（同州，今陝西大荔）節度使……」

英明的君主加勇猛的戰將，
統一天下簡直**指日可待**呀！

軍事科學院《中國軍事通史》：
「顯德六年（959年）六月十九日，年僅 39 歲的周世宗柴榮病死。」

呃……可惜**沒多久**……
柴榮喵就**死了**……

留下一眾**輔臣**和一個年幼的**崽子**，

《新五代史·卷十二》：
「恭皇帝，世宗（柴榮）第四子宗訓也。世宗即位……及北取三關，遇疾還京師，始封宗訓梁王，時年七歲。顯德六年六月癸巳，世宗崩。甲午，皇帝即位於柩前。」

這下……**局勢**就**複雜**起來了。

在五代那個時期，

換皇帝其實就像**兒戲似的**。

顧宏義《細說宋太祖》：「自唐代覆滅以來，五代各政權的更替如同走馬燈般地進行著，在短短五十三年中，先後換了十四個君主，歷來至高無上、神聖不容侵犯的皇權，一變而成了有兵權、有實力的武人可以隨意搶奪的東西。」

士兵們也普遍**沒有**啥**忠君思想**，

顧宏義《細說宋太祖》：「而在權力遞嬗中，禁軍將士起著決定性的作用，並由此獲得大量的財物等賞賜。同時五代亂世，禮義淪喪，君臣關係是以利益為維系的紐帶，利合而為君臣，利分即成仇敵。」

反而每次擁立一個新皇帝，
大家都能**撈到**大大的**好處**。

咱們說好的，有福同享！
皇上，你看我們都挺辛苦的……

虞雲國《細說宋朝》：「五代僅五十三年，先後竟出了十四位君主，而禁軍將領在政權更迭中起了決定性的作用，也分獲了巨大的好處。」

現在**舊皇帝死了**，

新皇帝又還是個**小崽子**。

張豈之《中國歷史·隋唐遼宋金卷》：「顯德六年（959）周世宗死，其子柴宗訓即位，年僅7歲。」

這要出現個**政變**啥的……

也**很正常**……你說是吧？

顧宏義《細說宋太祖》：「現在統治天下的皇帝由英武的周世宗換成年幼無知的周恭帝，故那些不甘寂寞的禁軍將士又萌生了效法其前輩販賣天子寶座的念頭。」

有了這樣一個大前提，

一連串**「巧合」**就發生了。

首先是**突然**收到了北方敵軍**打過來**的消息，

《舊五代史．卷一二〇》：「顯德七年（960年）春正月辛醜朔，文武百僚進名奉賀。鎮、定二州馳奏，契丹入寇，河東賊軍自土門東下與蕃寇合勢。」

一下把大家**嚇**了個**激靈**。

什麼?!

於是**朝廷**就趕緊調動軍馬**出發抗敵**，

《續資治通鑑長編·卷一》：
「（960年）春正月辛丑朔，鎮、定二州言契丹入侵，北漢兵自土門東下，與契丹合。周帝命太祖（趙匡胤）領宿衛諸將禦之。」
傅樂成《中國通史》：
「顯德七年（960）初，鎮、定二州奏北漢引遼人入寇，周室命禁軍領袖殿前都點檢趙匡胤率兵禦敵……」

可出發沒多久，
軍中便開始**騷動**了起來……

我覺得現在的皇帝根本不行！
沒錯！應該由咱們老大當皇帝！

《宋史·卷一》：
「（顯德）七年（960年）春，北漢結契丹入寇，（周恭帝）命（趙匡胤）出師禦之。次陳橋驛……夜五鼓，軍士集驛門，宣言策點檢為天子，或止之，眾不聽。」

那麼他們說的**老大是誰**呢？

沒錯，**恰巧**就是**匡胤喵**……

《續資治通鑑長編．卷一》：
「太祖（趙匡胤）自殿前都虞候再遷都點檢，掌軍政凡六年，士卒服其恩威，數從世宗（柴榮）征伐，洊立大功，人望固已歸之。於是，主少國疑，中外始有推戴之議。」

而他這會兒**在幹啥**呢？

呃……他**恰巧在睡覺**。

《續資治通鑑長編．卷一》：
「是夕，次陳橋驛，將士相與聚謀曰：『主上幼弱，未能親政。今我輩出死力，為國家破賊，誰則知之，不如先立點檢為天子，然後北征，未晚也。』都押衙上黨李處耘，具以其事白太祖弟匡義……太祖（趙匡胤）醉臥，初不省。」

於是將領們衝進了他的房間，
威逼他必須**當皇帝**。

《續資治通鑑長編．卷一》：
「甲辰黎明，四面叫呼而起，聲震原野。普與匡義入白太祖（趙匡胤），諸將已擐甲執兵，直扣（叩）寢門曰：『諸將無主，願策太尉為天子。』」

而且不知道是誰，
恰巧又**帶了**件**黃袍**，

硬是給**披到**匡胤喵**身上**。

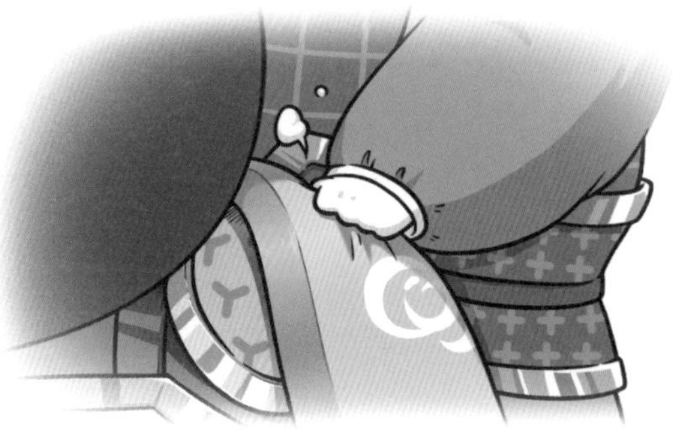

《續資治通鑑長編．卷一》：
「太祖（趙匡胤）驚起披衣，
未及酬應，則相與扶出聽事，
或以黃袍加太祖身，且羅拜庭
下稱萬歲。」

哎呀呀，這樣不就是……

不當都不行了嗎？

《續資治通鑑長編．卷一》：
「太祖（趙匡胤）固拒之，眾
不可，遂相與扶太祖上馬，擁
逼南行。」

呃……你說這一切是不是**很巧**……

反正在將士們的**脅迫**之下，
匡胤喵**當天**就帶著大軍**回**到**皇城**裡，

顧宏義《細說宋太祖》：「箭已在弦，不容不發，所以眾將士也就不再多言，爭相將趙匡胤扶上戰馬，簇擁著向京城開封進發。」

然後就進行了**「皇位過戶」**。

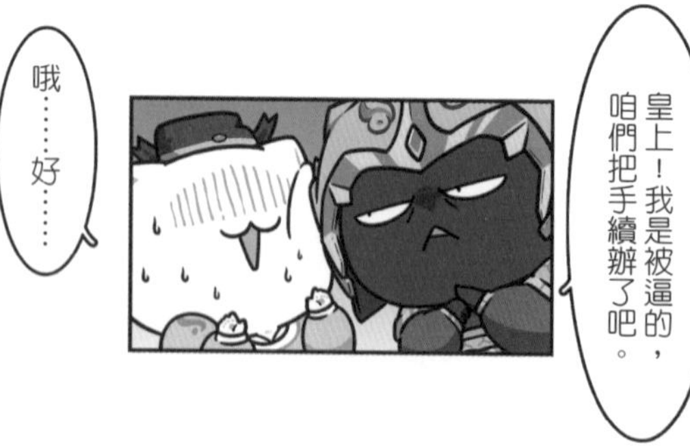

《續資治通鑑長編·卷一》：「諸將翊太祖（趙匡胤）登明德門，太祖令軍士解甲還營，太祖亦歸公署，釋黃袍。俄而將士擁質等俱至……散指揮都虞候太原羅彥瓌挺劍而前曰：『我輩無主，今日必得天子。』太祖叱之，不退。質等不知所為，溥降階先拜，質不得已從之，遂稱萬歲。太祖詣崇元殿行禪代禮。召文武百官就列……」

更**恰巧**的是……

手下身上還**帶著**退位**制書**，

白壽彝《中國通史》：「趙匡胤等隨即來到崇元殿行禪代禮，趙匡胤的黨羽、翰林學士承旨陶穀立即拿出後周帝的退位制書……」

一切……實在是**太巧了**。

這個事件就是歷史上著名的**陳橋兵變**。

傅樂成《中國通史》：「群眾擁立匡胤後，便簇擁著他還京師……周帝國就在這樣簡單的方式下，換了主人。於是匡胤正式即皇帝位，改國號為宋，是為宋太祖……這就是所謂『陳橋兵變』的經過，歷史上的『五代』時期，也隨著這次兵變而告結束。」

從此後周政權**正式消亡**，

翦伯贊《中國史綱要》：
「960 年正月初，趙匡胤推翻後周。」

取而代之的則是匡胤喵建立的**新政權**，

《續資治通鑑長編．卷一》：
「宰相扶太祖（趙匡胤）升殿，易服東序，還即位。群臣拜賀。奉周帝（柴宗訓）為鄭王，太后為周太后，遷居西京。乙巳，詔因所領節度州名，定有天下之號曰宋。」

這就是**宋**。

白壽彝《中國通史》：
「趙匡胤在殿下拜受後登殿即皇帝位，是為宋太祖。次日（正月初五，960 年 2 月 4 日）詔，因所領歸德軍節度使州名宋州，建國號宋，改後周顯德七年為宋建隆元年，宋朝正式建立。」

五代以來的**政變**多以**血腥**的**方式**發生，

顧宏義《細說宋太祖》：
「由於五代篡位的帝王為取悅將士，有在率軍攻入京城時，縱兵大掠數日的惡習，稱『夯市』或『靖市』，由此大失民心。」

而匡胤喵這場充滿「巧合」的政變

卻非常**和平**，

《續資治通鑑長編．卷一》：
「太祖（趙匡胤）度不得免，乃攬轡誓諸將曰：『汝等自貪富貴，立我為天子，能從我命則可，不然，我不能為若主矣。』……太祖曰：『……近世帝王，初入京城，皆縱兵大掠，擅劫府庫，汝等毋得復然，事定，當厚賞汝。不然，當族誅汝。』眾皆拜。乃整軍自仁和門入，秋毫無所犯。」

僅僅**一天**就完成了從**後周**到**宋朝**的改變，

顧宏義《細說宋太祖》：
「僅僅一整天時間，趙匡胤便依靠手中掌握的兵權……建國稱帝，創立了趙宋王朝。」

由此也**爭取了**京城百姓的**民心**。

顧宏義《細說宋太祖》：
「趙匡胤入城之後，登上城頭觀看，發現麾下禁軍諸將率士兵迅速散布於城中各要害之處，並遵守先前諾言嚴禁手下搶掠燒殺，使得此次兵變與五代以來歷次兵變不同……故開封城內秩序很快得以安定，由此爭取了京城士民之心。」

然而宋只是**繼承了**後周的**地盤**，

軍事科學院《中國軍事通史》：
「北宋建立之初，僅是繼承了後周的疆土。其疆域，東臨海，西至河西，南臨江，北抵拒馬河……」

除開遼這個遊牧民族政權外，
華夏大地仍然是**分裂狀態**。

軍事科學院《中國軍事通史》：
「……其周邊南與南唐、吳越、南漢、南平、武平相鄰；北與契丹、北漢、定難軍交界；西南同後蜀，西同吐蕃、黨項接壤。」
傅樂成《中國通史》：
「匡胤即位之初，各地的割據勢力還有六處，換句話說，十國之中，還有六國存在。在北方的有北漢，南方則有後蜀、南唐、吳越、南漢和南平。」

匡胤喵又將**如何面對**眼前的局勢呢？

（且聽下回分解。）

編者按

陳橋兵變一事，在歷代史學家們的筆下，已成為一樁「千秋疑案」。歷來關於趙匡胤在此次事變中扮演的角色，就有不同的看法。一部分學者認為，趙匡胤本人早有代周而立的野心，從所謂北邊敵襲到黃袍加身，都由他一手主導；另一部分人則認為兵變是趙匡胤的謀士和手下所導演的，趙匡胤乃是被迫稱帝。但無論如何，趙匡胤在兵變時再三約束手下，要求他們善待百姓，使得參與兵變的士兵沒有燒殺搶掠，對後周王室也沒有趕盡殺絕。它是歷史上一次兵不血刃的改朝換代，既是五代由亂到治的一個轉折，也預示著一個新時期即將到來。

柴榮——瓜子（飾）　**趙匡胤——烏龍（飾）**

參考來源：《宋史》、《舊五代史》、《新五代史》、《續資治通鑑長編》、陳振《宋史》、虞雲國《細說宋朝》、白壽彝《中國通史》、傅樂成《中國通史》、范文瀾《中國通史》、翦伯贊《中國史綱要》、顧宏義《細說宋太祖》、郭建勳《宋太祖趙匡胤》、軍事科學院《中國軍事通史》、張豈之《中國歷史・隋唐遼宋金卷》

附錄

【羊肉泡饃】

據說趙匡胤參軍前，
曾經窮到身上只剩兩塊乾饃，
最後是泡到一碗別人施捨來的
羊肉湯裡才美美地吃下去。

【武學宗師】

趙匡胤不僅是皇帝，
而且還是個武林高手。
據說太祖拳、太祖短棍和
二節棍等武術，
都是他開創的。

【「鐵頭」少年】

趙匡胤當皇帝前
曾經試圖馴服一匹烈馬，
結果頭撞到門框還重重摔了下來。
沒想到他不但沒事，
還能爬起來繼續馴馬。

《面試》

面試室
我好緊張，不知道能不能面試成功。
別擔心！相信你自己就好。
嗯！
啊！烏龍，我通過了！你一定也通過了吧！
沒有……他們說我長得太凶了……
落選

《找工作》

我找不到工作……
他們都說我長得太兇了。
哈哈哈！
這樣吧，我給你介紹個工作。
嗯！
一週後，烏龍當上了某社區保全，據說那社區的治安變得很好。

烏龍

巨蟹座

生日：7月 11 日

身高：180 公分

喜歡的水果：草莓

害怕的事物：髒亂

（烏龍擬人介紹）

烏龍的桌面
Wu Long's Desktop

第一百一十三回◉平定四方

西元960年，
後周政權**滅亡**，

范文瀾《中國通史》：
「九六〇年，周群臣正在賀元旦（庚申年），鎮、定二州忽奏報遼、北漢合兵南侵。趙匡胤率禁軍諸將去抵禦，到陳橋驛（開封城北二十里）兵變，擁趙匡胤為帝。趙匡胤率軍回開封滅周……」

取而代之的則是**宋朝**。

陳振《宋史》：
「（趙匡胤）建國號為宋，改後周顯德七年（960年）為宋建隆元年，宋朝正式建立，史稱北宋，仍以東京開封府為都。」

而宋的**開創者**正是原來後周大將──
趙匡胤喵。

白壽彝《中國通史》：
「宋朝的建立者趙匡胤，早年應募從軍於後漢的郭威部下，後周時屢立戰功，逐漸升任禁軍高級將領。」

一上位，匡胤喵就著手**鞏固**自己的**政權**，

陳振《宋史》：「宋王朝建立後，立即採取了一系列穩定形勢、鞏固政權的措施。」

例如大力**提拔**自己的**親信**，

白壽彝《中國通史》：「宋太祖（趙匡胤）建立宋朝後，隨即對有『翊戴之勛』的開國功臣石守信、高懷德、張令鐸、王審琦、張光翰、趙彥徽等，以及其余領軍的軍官都升官進爵。」

例如**幹掉**那些反對自己的**反對派**，

張豈之《中國歷史．隋唐遼宋金卷》：「北宋建立的當年（960年），不願附宋的後周外郡將領，尚有昭義節度使……四月，李筠聯北漢起兵，九月，李重進又據揚州起兵反宋，這兩次起兵均被趙匡胤率兵鎮壓。」

甚至辦了個**酒局**，

我睡不好！總覺得你們會搞我！

蔡美彪《中國通史》：
「九六一年，宋太祖首先下令罷免了慕容延釗……一天，宋太祖（趙匡胤）請石守信等擁立他的將領們飲酒，乘醉說：『……做天子也太艱難，不如做節度使快樂。我整夜都睡不安穩！』」

把**軍權收**了**回**來。

老大……
別開玩笑。
我們知道怎麼做了。

蔡美彪《中國通史》：
「石守信等說：『……誰還敢有異心！』太祖說：『你們雖沒有異心，一旦部下把黃袍加在你們身上，想不幹，能行麼？』石守信等嚇得涕泣叩頭，第二天便稱病辭職。宋太祖解除他們統領禁軍的兵權……」

而做這些事的**目的**只有一個，

這就是**統一**。

蔡美彪《中國通史》：
「宋太祖一舉集中了精兵禁軍的全權，從此便可從容地派兵遣將去完成統一國家的事業了。」

當時的南方還剩**七個**割據**政權**，

白壽彝《中國通史》：
「宋朝建立時，政局與五代時相同，同時存在的割據政權中，不僅有表示臣附的南唐、吳越、泉漳、荊南（南平）、湖南（武平），還有稱帝的後蜀、南漢、北漢……」

基本上都**無法**與宋**抗衡**。

軍事科學院《中國軍事通史》：
「北宋是在後周全面振興的形勢下，通過兵變而建立起來的……北宋的國力明顯地強於當時諸國中任何一國。」

於是匡胤喵決定採取**先弱後強**、

逐個擊破的策略，

虞雲國《細說宋朝》：

「面對五代以來割據局面，太祖（趙匡胤）是有憂患意識和進取精神的……當時定下的統一方略，後人概括為先南後北、先易後難八個字。」

軍事科學院《中國軍事通史》：

「南方各割據勢力，有唇亡齒寒、彼此利害相關的一面……在軍事進攻上，（趙匡胤）又採取由近及遠……各個擊破的方針，始終使自己處於主動的地位。」

在宋的鐵蹄之下，

小政權們根本**沒**啥**招架之力**。

《宋史．卷四七八》：

「唐自安、史之亂，藩鎮專制，百有餘年，浸成割據……降臻五季，豪傑蜂午，各挾智力，擅為封疆……太祖（趙匡胤）命將出師，十餘年間，南平荊、楚，西取巴、蜀，劉鋹既俘，李氏納款。」

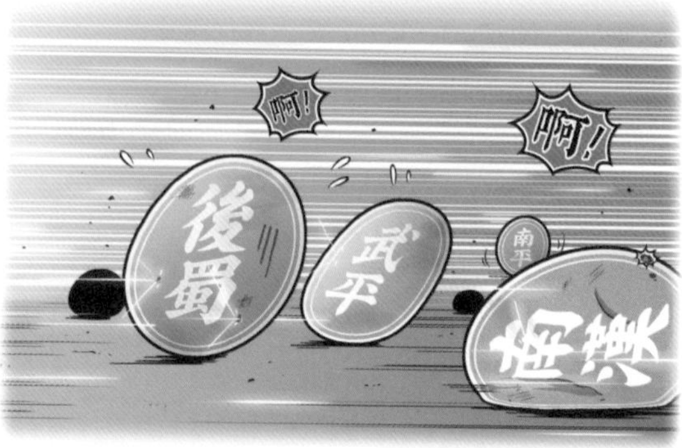

而說到**打南方**，

就不得不說到一個政權。

嘿嘿，沒錯，就是**南唐**。

《陸氏南唐書．卷二》：
「唐有江淮，比同時割據諸國，地大力強，人才眾多，且據長江之險，隱然大邦也。」

顧宏義《細說宋太祖》：
「南唐是南方諸割據政權中勢力較強的一個……那裡土地肥沃，沒有像中原地區那樣遭到長期戰爭的破壞，所以經濟繁榮，國力富裕，成為宋太祖（趙匡胤）消滅南方諸割據政權以完成統一大業的最強敵手。」

南唐雖然是**南方「一哥」**，

但其實也**不怎樣**了。

顧宏義《細說宋太祖》：
「……但身受後周沉重打擊的南唐政權，再無稱霸中原之野心，只思苟安江南。」

而此時的南唐已經是**第三代國君**，

他就是南唐後主——**李煜喵**。

任爽《南唐史》：
「南唐是五代十國時期割據江淮的一個小王朝，歷烈祖李昪、元宗李璟、後主李煜三世。」

李煜喵是**六皇子**，

《新五代史．卷六十二》：
「煜字重光，初名從嘉，景（璟）第六子也。」

本來是**不**需要**當皇帝**的，

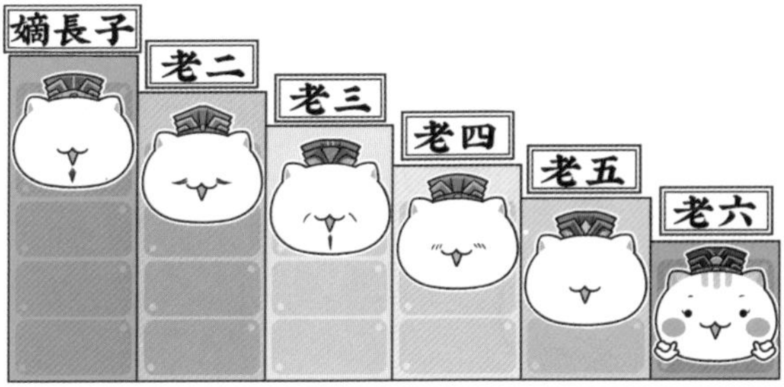

鄒勁風《南唐國史》：

「李煜名從嘉，是李璟第六子，本與王位無緣。」

可惜前面五個**哥哥都「掛了」**，

白壽彝《中國通史》：

「（李煜）是南唐中主李璟的第六子……五個兄長皆早亡……」

沒辦法……

只能**頂上**了……

《新五代史・卷六十二》：

「自太子冀已上，五子皆早亡，煜以次封吳王。建隆二年（961年），景（璟）遷南都，立煜為太子，留監國。景（璟）卒，煜嗣立於金陵。」

作為一國之君，
李煜喵其實並**沒**啥**當皇帝**的**才能**，

《新五代史．卷六十二》：「煜性驕侈，好聲色，又喜浮圖，為高談，不恤政事。」

詩詞歌賦倒是溜得很。

《宋史紀事本末．卷六》：「煜初名從嘉，聰悟好學，善屬文，工詩畫，明音律。」

面對宋的虎視眈眈，
李煜喵並**沒**有想辦法**反抗**。

杜文玉《南唐史略》：「面對宋朝的咄咄逼人之勢，後主（李煜）除了醉生夢死地生活，以排遣憂愁外，就是貢奉大批財物，以極盡恭順屈膝之禮，以換取暫時的苟安生存，此外，就別無他法。」

他選擇**投降**，

《宋史紀事本末．卷六》：
「（開寶）四年（971年）十一月，唐主（李煜）遣其弟從善來朝……及南漢亡，懼甚，因上表乞去國號，改『唐國主』為『江南國主』，『唐國印』為『江南國主印』……乃貶損制度，下書稱教，改中書、門下省為左、右內史府，尚書省為司會府……」

每天就是**玩**，

杜文玉《南唐史略》：
「即位以來，後主（李煜）主要把精力放在文學藝術方面，尤其是其統治末期，情況愈甚，整日在宮中，不是填詞作畫，便是吟誦佛經，基本上置政事於不顧。」

每年還給宋交**「保護費」**。

《宋史．卷四七八》：
「煜每聞（宋）朝廷出師克捷及嘉慶之事，必遣使犒師修貢。其大慶，即更以買宴為名，別奉珍玩為獻。吉凶大禮，皆別修貢助。」

反正就是**不反抗**，
只求苟活著。

蔡美彪《中國通史》：
「南唐是江南的大國，但又是弱國。和後蜀的驕躁輕敵不同，南唐向宋朝屈服求自保。」

但你要知道你想活命，
人家**老趙可不**這麼**想**啊！

顧宏義《細說宋太祖》：
「李煜所做的只是想用卑微而恭順的言辭和巨額的金銀錦綺玩物來討得宋朝的歡心，而讓他得以維持其醉生夢死之偏安現狀。很顯然，這只是李煜自己的一廂情願，宋太祖（趙匡胤）已經在磨刀霍霍了。」

這時的南唐雖然**國力不行**了，

顧宏義《細說宋太祖》：
「南唐雖然用財物換來暫時的偏安局面，但每年進獻宋朝的貢物和為防備宋軍而支出的巨額軍費，使得南唐國力日趨衰弱。」

國君也**不怎麼樣**，

更不行

軍事科學院《中國軍事通史》：
「李煜（後主）即位後，酷愛詩文，迷戀聲色，篤信佛教，所任官員多文士，國勢衰弱。」

但有些**臣子**還是**很給力**的。

皇上！我帶兵去滅了他們！
對！輸了責任推我們身上！

任爽《南唐史》：
「當北宋步步緊逼之際，南唐朝廷中主張厲兵秣馬，決一死戰者並不乏其人。建陽林仁肇剛毅有武略，深得人心。」
《陸氏南唐書》：
「開寶中，（林仁肇）密言於後主（李煜）曰：『宋淮南諸州，戍守單弱……請假臣兵數萬，出壽春，渡淮，據正陽……兵起之日，請以臣舉兵外叛聞……不成，族臣家，明陛下不預謀。』」

更何況還有一條**長江**「保護著」南唐，

天塹
唐

鄒勁風《南唐國史》：
「長江是中原政權與南唐之間的天然屏障，宋軍此時還沒有占據渡江作戰的有利地理形勢，也不具備足夠水軍力量，這些都決定了新創建的宋朝不可能立即傾兵南攻。」

要拿下南唐，
匡胤喵還是必須得**使使勁兒**的。

軍事科學院《中國軍事通史》：「趙匡胤志在統一江南……絕不允許南唐存在下去。但由於南唐是江南實力最強的政權，又事宋甚恭，故趙匡胤對它的行動始終比較謹慎。」

《續資治通鑑長編·卷十三》：「（開寶五年，即972年）南都留守、兼侍中林仁肇有威名，（宋）朝廷忌之，賂其侍者竊取仁肇畫像，懸之別室，引江南（南唐）使者觀之……曰：『仁肇將來降，先持此為信。』又指空館曰，『將以此賜仁肇。』」

於是他開始用**離間計**！

一離間，南唐竟然就自己**搞掉了**那些**忠臣**們。

《續資治通鑑長編·卷十三》：「國主（李煜）不知其間，鴆殺仁肇。」

唉……實在**不**是很**聰明**的樣子啊……

接著南唐那邊又來了個**投降**的，

《宋史紀事本末・卷六》：

「初，江南（南唐）池州人樊若水舉進士不第，因謀來歸。乃漁釣於采石江上，乘小舟載絲繩其中，維南岸，疾棹抵北岸，凡十數往還，得其江之廣狹。因詣汴上書，言江南可取狀，請造浮梁以濟師。帝（趙匡胤）然之……」

幫匡胤喵在長江上**搭了座橋**，

軍事科學院《中國軍事通史》：

「開寶七年（974年）七月，（趙匡胤）採納江南人樊若水（一作樊若冰）的建議，在荊湖造巨艦戰船數千艘，以備渡江時架設浮橋，用於水戰。」

這下南唐**忠臣沒了**，
長江優勢也**沒了**……

顧宏義《細說宋太祖》：
「南唐南都留守林仁肇驍勇善戰，有威名……宋廷制定了反間計……李煜不知是計，竟用鴆酒毒死了林仁肇。南唐自毀長城，失去了一位名將。」
「宋太祖（趙匡胤）採納臣下建議，首創長江下游架浮橋渡江作戰之戰略設想，並預先建造架設浮橋的戰船，從而使宋軍在長江下游成功架通跨江浮橋，突破長江天塹。」

匡胤喵的**機會**終於**到了**！

軍事科學院《中國軍事通史》：
「（974年）趙匡胤在各種準備就緒之後，遂尋找藉口，以便出兵攻唐。」
《新五代史．卷六十二》：
「（開寶）七年（974年），太祖皇帝（趙匡胤）遣使詔煜赴闕，煜稱疾不行，王師南征……」

西元974年，
宋朝分五路大舉**進攻南唐**。

顧宏義《細說宋太祖》：
「是年（974年）九月，宋太祖以李煜拒絕來朝為藉口，命宣徽南院使曹彬為升州西南面行營馬步軍戰棹都部署……發兵十餘萬，戰船數千艘，聯合吳越軍，五路並進，趨攻南唐。」

而這時的**李煜喵**呢，

嗯？

還是很**悠哉**……
每天依然各種玩……

安心
蹦蹦跳跳

軍事科學院《中國軍事通史》：「（975年）正月十七日，宋軍開始進攻金陵……在金陵城郊三面紮營，形成對金陵的包圍態勢。」「金陵北據大江，南連重嶺，龍蟠虎踞，形勝險要。自開戰以來，唐軍堅壁固守，疲憊宋軍。但李煜仍誦經講易，不問軍政，以致金陵被圍數月竟全然不知。」

等到有天**登上城牆**去看，

好久沒出來看看了，
現在都怎麼樣了？

這才發現**宋兵**已經來**到**了**家門口**。

軍事科學院《中國軍事通史》：「……直至開寶八年（975年）五月，李煜登城巡視，見宋軍已進逼城下，才大為驚恐。」

唉，還能怎樣……

已經**沒救了**。

白壽彝《中國通史》：「開寶八年（975年）年初，宋軍進攻金陵，再敗城外的南唐守軍……金陵自春至冬，屢戰屢敗，僅能守城，現在又糧盡援絕……」

最終在宋兵的圍城下，

南唐宣布**投降**。

傅樂成《中國通史》：「開寶七年（974）十月，宋軍兵分五路：曹彬率荊湖水軍自荊南順流而下……於次年正月十七日，開始攻打金陵。爾後，採取圍城打援的戰略方針，大破南唐主力。十一月二十七日，南唐主李煜出降，南唐滅亡。」

自此，整個南方再**無勢力**足以**阻擋宋**前進的步伐，

吳泰《宋朝史話》：
「到開寶九年（976年）春，宋朝控制的州郡由一百十八增加到二百六十，戶數由九十六萬七千多戶增加到二百五十六萬六千多戶，南方已大體平定，偪促在浙、閩的吳越和陳洪進政權，對北宋來說也形同囊中之物。」

統一的大勢自此**塵埃落定**。

虞雲國《細說宋朝》：
「宋太祖以一軍旅武將奪得天下，在位十六年，做了兩件大事：第一，基本統一了南方，並為統一全國打下了堅實的基礎。」

作為一個**將領上位**的皇帝，

蔡美彪《中國通史》：
「宋太祖趙匡胤，在後周時，隨周世宗（柴榮）作戰有功，任殿前都點檢，統領精銳的禁軍。」

匡胤喵**解決**了五代以來軍隊左右**皇權**的**問題**，

軍事科學院《中國軍事通史》：
「自唐末五代以來，中原地區的政治舞台上，曾上演過多出『兵驕則逐帥，帥強則叛上』的鬧劇。」
《宋史紀事本末．卷二》：
「宋祖（趙匡胤）君臣懲五季尾大之禍，盡收節帥兵柄……」

更以正確的軍事策略逐一**消滅**各個**割據勢力**，

虞雲國《細說宋朝》：
「太祖（趙匡胤）統一南方的戰爭所以能順利推進，固然與統一的大趨勢有關，與先南後北、先易後難的總體戰略有關，還與太祖許多正確的政策和策略有關。」

大致**結束**了從唐末以來
持續幾十年的**分裂**割據**局面**，

趙劍敏《細說隋唐》：
「五代的時間跨度，一般從朱溫代唐算起……即後梁開平元年（公元907年）……」
白壽彝《中國通史》：
「開寶八年十一月二十七日（976年元旦），宋軍攻占金陵……南唐亡……」
吳泰《宋朝史話》：
「宋太祖（趙匡胤）在位共十七年……通過戰爭消滅了大多數割據政權，基本上結束了五代分裂割據的局面。」

為後來開創新的穩定社會**奠定**了堅實**基礎**。

《宋史．卷三》：「五季亂極，宋太祖（趙匡胤）起介胄之中，踐九五之位，原其得國……及其發號施令，名藩大將，俯首聽命，四方列國，次第削平……傳之子孫，世有典則。」

然而作為一個新興的皇朝，
大宋仍然**存在**著很多**問題**。

翦伯贊《中國史綱要》：「在結束五代十國局面的過程中，北宋統治者著重考慮的問題有兩個：一個是如何使唐末以來長期存在的藩鎮跋扈局面不再繼續出現，另一個是如何使北宋政權能長期鞏固下去，不再成為五代之後的第六個短命朝代。」

匡胤喵將**如何面對**這些難題呢？

（且聽下回分解。）

編者按

作為一個脫胎於後周的國家，宋繼承了後周豐碩的政治成果。它國力強盛，人口眾多，連北方強敵——遼朝也因為曾被後周重創陷入了內鬥。正是在這個基礎上，趙匡胤繼承了周世宗柴榮的統一大志，但趙匡胤卻沒有繼承後周「先北後南」的統一思想。他曾試圖南北雙擊，但割據河東的北漢兵力精強，還有遼朝為援，讓他屢攻不下。反觀南方，各割據政權之間矛盾重重，政治腐敗墮落，這才促使趙匡胤決心先統一南方、再全力北上。這種變通的策略，固然讓趙匡胤順利實現了統一，但同時也給了遼朝喘息的機會。隨著遼朝逐漸走出內亂、重新崛起，中原皇朝收復燕雲的努力再次化為泡影，而大宋皇朝的夢魘也自此開始揮之不去。

李煜——饅頭（飾）

趙匡胤——烏龍（飾）

參考來源：《宋史》、《新五代史》、《南唐書》、《宋史紀事本末》、《續資治通鑑長編》、陳振《宋史》、任爽《南唐史》、吳泰《宋朝史話》、杜文玉《南唐史略》、鄒勁風《南唐國史》、白壽彝《中國通史》、傅樂成《中國通史》、范文瀾《中國通史》、蔡美彪《中國通史》、顧宏義《細說宋太祖》、軍事科學院《中國軍事通史》、張豈之《中國歷史‧隋唐遼宋金卷》、虞雲國《細說宋朝》、趙劍敏《細說隋唐》、翦伯贊《中國史綱要》

附錄

【知錯不改】

趙匡胤喜歡喝酒，
經常喝得爛醉如泥，
每次第二天醒來都很後悔，
但他並沒有因此戒酒……

【用人寶典】

趙匡胤有一本專門記錄人才的小冊子。
每當政府缺人，
他就拿出小冊子來看誰能上任，
讓每個人都能發揮才能。

【文學大師】

李煜雖然當皇帝不行，
但卻是個優秀的文學家。
南唐被滅後，
他寫了很多傳誦千古的詩詞，
十分撼動人心。

群喵檔案

饅頭小劇場

《還書》

《打水漂》

饅頭
天蠍座
生日：10 月 31 日
身高：168 公分
喜歡的水果：西瓜
害怕的事物：吃藥
（饅頭擬人介紹）

饅頭的桌面

Man Tou's Desktop

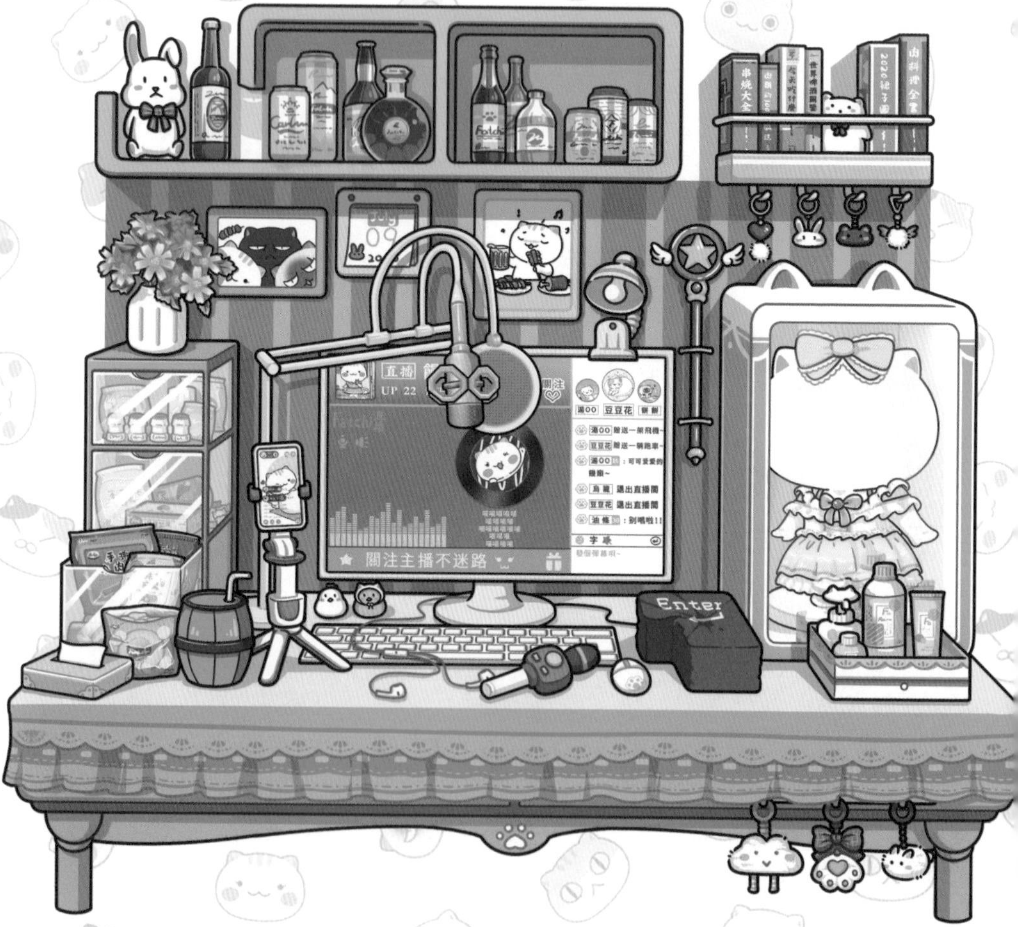

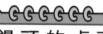

下回再見！

第一卷
《如果歷史是一群喵1・夏商西周篇》

第二卷
《如果歷史是一群喵2・春秋戰國篇》

第三卷
《如果歷史是一群喵3・秦楚兩漢篇》

第四卷
《如果歷史是一群喵4・東漢末年篇》

第五卷
《如果歷史是一群喵5・亂世三國篇》

第六卷
《如果歷史是一群喵6・魏晉南北篇》

第七卷
《如果歷史是一群喵7・隋唐風雲篇》

第八卷
《如果歷史是一群喵8・盛世大唐篇》